Marly Santos Mutschele
Organizadora

Alberto Bernardo Klar
William Urizzi de Lima

DIDAQUÊ

Porto de Idéias EDITORA

São Paulo, 2015

Didaquê

Marly Santos Mutschele (Organizadora)
Alberto Bernardo Klar
William Urizzi de Lima

Editor
Sebastião Haroldo de Freitas Corrêa Porto

Coordenação editorial
Silvana Pereira de Oliveira

Projeto gráfico e capa
Otávio Silva

Ilustração da capa
Tom Dutra

Dados Internacionais de Catalogação na Publicação (CIP)
(Câmara Brasileira do Livro, SP, Brasil)

Didaquê / Marly Santos Mutschele, (organizadora). --
São Paulo : Porto de Idéias, 2015.

ISBN 978-85-8061-090-1
Vários autores.
Bibliografia.

1. Educação 2. Educação - Finalidades e objetivos 3. Esporte 4. Natação - Estudo e ensino 5. Prática de ensino 6. Professores - Formação I. Mutschele, Marly.

15-09995 CDD-370.71

Índices para catálogo sistemático:
1. Natação : Formação de professores : Educação 370.71

EDITORA PORTO DE IDÉIAS LTDA.
Rua Perdões, 101 – Aclimação
São Paulo – SP – 01529.030
Fone (11) 3884-3814
www.portodeideias.com.br

Dedicamos esse livro a todas as pessoas que fazem da educação um ato de amor e de abnegação e também às nossas famílias.

Agradecemos a Deus por mais essa dádiva
e aos nossos familiares pela compreensão.

Sumário

Apresentação

Não pretendemos com este livro dar receitas práticas ou maneiras de fazer e de falar, tal como o aprendiz espera do mestre os segredos do ofício.

Os alunos, depois de assistirem a algumas aulas, acreditam ter feito uma colheita quase suficiente desses processos e que com um pouco de exercício saberão empregá-los. Mas, logo verificam que não é assim, veem que a classes trabalham excelentemente de um modo diverso e compreendem que cada mestre inventou e apurou sua maneira de fazer e que não para de aperfeiçoar, cada um encontra e concebe um método pessoal do ensinar.

A escola que forma professores deverá levá-los a refletir sobre a difícil profissão que escolheram, bem como sobre o meio no qual irão exercer seu trabalho. Tal escola não pode ser dogmática e sim propor questões, estudá-las, esclarecê-las, apresentar soluções, pesquisar, experimentar, enfim, analisar os diversos métodos que podem ser usados.

É necessário insistir que devemos propor discussões críticas e eliminar o dogmatismo. Devemos expor as ideias de Platão, dos Jesuítas, de Rousseau e outros, mostrando como se completam ou se contradizem, levando os alunos a conclusões lógicas e aplicáveis.

Para estudar as doutrinas educacionais, é necessário examinar com os autores os problemas dos fins da educação, dos meios de disciplina, dos métodos de ensino, isto é, das diversas questões da Didática.

É mais interessante estudar os autores formulando questões práticas sobre suas teorias e possivelmente fazendo comparações.

Não é possível esquecer as qualidades do educador. É preciso considerar que cada mestre educa segundo sua personalidade e seu temperamento. O importante é exercer influência benfazeja. As qualidades de espírito e do coração primam sobre todas.

A personalidade, a inteligência aberta, o saber seguro e extenso são condições "*sine qua non*" da autoridade e da influência.

O equilíbrio do caráter importa tanto quanto a solidez do saber. Não podemos deixar de abordar a justiça, pois os alunos são particularmente sensíveis à injustiça. A justiça não pode ser abstrata e impessoal, a autoridade e a influência devem ser sobre cada aluno e sobre a classe inteira.

A finura pedagógica deve nos capacitar para prevermos as reações e eventuais incidentes, evitá-los e improvisar rapidamente a pacificação.

A aula é um pouco longa e fatigante, é necessário variar rapidamente, desentorpecer os músculos e refrescar os espíritos pela renovação do ar ou por uma saída para o intervalo.

O professor precisa ser levado pelo amor ao ofício, pela afeição aos alunos, pelo seu progresso e pela fé em sua grande missão.

Enfim, é necessário que o professor seja idealista, acredite no valor da vida, na consciência humana, na ciência e na moral.

Apresentamos aos estudiosos de Didática um livro prático e simples, porém profundo em seus conceitos. Preocupamo-nos em oferecer referências confiáveis em nossas citações.

Acreditamos que este livro possa ser útil como instrumento de trabalho.

Capítulo 1

O Educador

O educador deve fazer da educação uma ação permanente voltada para a realidade da vida, com base no passado e, ao mesmo tempo, voltada para o progresso.

O ideal que se procura conseguir na formação do professor é unir a teoria à prática. Poucos são os que possuem a intuição educativa. Daí a necessidade de uma formação técnico-pedagógica associada à prática na escola. Exercícios de observação orientada, pesquisas, levantamentos estatísticos e práticas em oficinas pedagógicas devem ser estudados experimentalmente e implementados.

A moderna Pedagogia apresenta muitos recursos para aumentar a eficiência de ensino. Nem tudo se pode realizar em nossas escolas em razão de circunstâncias especiais. No entanto, há vários meios ao alcance do professor que podem e devem ser usados.

Motivando a aprendizagem, seremos capazes de cooperar para renovar a educação. Permitindo ao aluno construir sua aprendizagem e sendo facilitadores dela, chegaremos a uma escola dinâmica, rica de experiências, ligada à realidade, de forma que os alunos sejam capazes de compreender a vida e de trabalhar melhor em benefício próprio.

A escola deve estar mais unida e articulada com a vida. É preciso aproximar o ensino das condições do ambiente. A escola precisa articular-se com a vida social, econômica, política, cívica, artística, lúdica e religiosa do país. A escola precisa ensinar a viver.

Quando a escola for realmente ativa, mantiver estreita relação com a vida do grupo que atende e educar integralmente o aluno, cumprirá com um de seus objetivos: preparar para a vida pela própria vida. Do ponto de vista dos alunos, o ensino e a aprendizagem não são atividades envolventes. É significativa a mudança de postura dos alunos com o passar dos anos escolares.

Os aspectos do ensino regular considerados relevantes pela maioria dos professores sufocam os desafios, a investigação e as dúvidas, enfim, o que consideramos como a perspectiva científica implícita no próprio processo do conhecimento. A escola não pode ser encarada como a única responsável pelo desenvolvimento da pessoa, pois esse é um processo maior que supera as limitadas ações da mesma. O desenvolvimento da pessoa é um processo existencial ligado à sua própria vida.

Além disso, consideramos que a cultura é muito maior que a escola, e por isso é muita arrogância supor que possa ensinar tudo, pois, mesmo a criança que chega à pré-escola, muito já aprendeu com a própria vida, como salienta Cousinet (1974):[1]

> A aprendizagem não é atividade nova para a criança. Praticaram-na durante toda a vida pré-escolar, pois que, tirante as atividades naturalmente incluídas em sua condição de ser humano (andar, falar, beber, comer), tiveram que aprender todas as acrescentadas por uma civilização cada vez mais complicada... Continuam a aprender na vida extraescolar, aprender tudo quanto não é ensinado na escola.

No contexto do trabalho universitário, não podemos afirmar simplesmente que "formamos professores" ou outros profissionais.

A universidade, a escola, tem por objetivo iniciar um processo de formação permanente. É necessário ainda não confundir educação e instrução. Instrução é o processo de transmissão de conhecimentos ao estudante, e a educação é

1. COUSINET, Roger. *A pedagogia da aprendizagem*. São Paulo: Ed. Nacional, 1974.

o processo de desenvolvimento das faculdades humanas. O importante não é o volume de conhecimentos que a pessoa adquire, mas o desenvolvimento das qualidades mentais.

Devemos considerar ainda que a atuação didático-escolar proporciona uma diversidade de problemas e prioridades, impossibilitando uma solução única, mágica, que complete todos os contextos. Não podemos deixar de analisar que a ludicidade não exclui a aprendizagem e vice-versa. O comportamento lúdico e exploratório são naturais à espécie humana, como pode ser observado nas crianças. A ludicidade, entretanto, não se prende a uma forma específica (jogo), nem a um objeto específico (brinquedo). Ela é uma "inter-ação" subjetiva com o mundo.

Apesar de subjetiva, essa "inter-ação" não considera outros sujeitos, pois a ludicidade compreende em uma de suas dimensões também a "inter-ação" de pessoas. De acordo com essa perspectiva, mesmo uma brincadeira aparentemente desinteressante poderá ser útil ao aluno que se enriquecerá inconscientemente de informação por intermédio de sua ação.

A ludicidade se apresenta no ato de realizar uma montagem, pois as regras ali implícitas estão à mostra ao sujeito. O professor deve aproveitar esses momentos, proporcionando ao aluno o acesso ao conhecimento e ao desenvolvimento. Não se trata de obrigar o aluno a aprender, mas catalisar esse processo, mostrando que ele é capaz de aprender.

Pela interação lúdica do aluno com o conhecimento, poderão ocorrer algumas possibilidades para a aprendizagem imediata e futura:

- a formação de novos conceitos;
- o desenvolvimento cognitivo;
- o exercício de estruturas cognitivas e/ou motoras já existentes;
- a contribuição para uma massa crítica para aprendizagem futura, devido à familiarização do sujeito com este objeto ou ideia.

Quando a escola se tornar um canal efetivo de comunicação, deixará de ser um local aparente de ensino para se transformar em local de aprendizagem consciente. O aluno deve estar consciente de que seu conhecimento é uma construção permanente, tal como analisado por Piaget e Freinet.

Nós, professores, sabemos que os alunos trazem consigo um potencial intelectual já elaborado com base em suas experiências de vida e também da necessidade que eles têm de aprofundar e sistematizar seus conhecimentos na escola, uma vez que as oportunidades oferecidas em outras instituições na sociedade não são tão organizadas, ou melhor, não possuem como objetivos maiores a produção e a organização do saber como a escola possui. Diante desse quadro, reconhecemos que, mesmo quando define objetivos muito bem-elaborados e claros, a escola muitas vezes não consegue, por motivos peculiares a ela ou não, lidar com a complexidade das variáveis que a todo momento colocam em questionamento e dificultam as relações professor-aluno em sala de aula.

Para atuar nesse contexto desafiador, propomos uma estratégia diferente e criativa de lidar com a organização do ensino. Uma estratégia de ação que guarde e acumule em seu bojo discussões profundas e complexas fundamentadas na Filosofia, Sociologia, Psicologia com as quais estabelece uma intensa relação dialética de confrontos e contradições. Uma estratégia que vá além de uma simples forma de preparo de aula e procure, a todo momento, questionar a maneira como o conhecimento é produzido, operacionalizado e socializado na ação cotidiana formal e informal, na escola e fora dela, na vida de milhares de alunos e professores.

Como ensinar? Como fazer com que o aluno construa conhecimentos e não apenas memorize padrões já estabelecidos? Como tornar uma aula mais agradável e menos enfadonha para os alunos?

Um dos meios de conseguirmos a atenção do aluno pode ser usando a Oficina Pedagógica,[2] que procura dar respostas

2. MUTSCHELE, Marly; GONSALES, José. *Oficinas Pedagógicas*: a arte e a

concretas e consistentes às angústias do professor, vinculando à sua realidade uma nova e coerente visão de ensino.

Propomos:

1. Um trabalho integrador, interdisciplinar, cujo objetivo é lidar com o conhecimento cientificamente acumulado em todas as áreas do saber e o conhecimento do senso comum, fruto de experiências e vivências em inúmeras situações e de diferentes modos.

2. Uma reestruturação da teoria do conhecimento, supondo o saber e o conhecer como produtos de ações tipicamente humanas em contextos históricos e sociais diferentes e que, por isso, devem ser analisados e revividos em suas artimanhas e nuances.

3. Um nova construção de conhecimentos com base na realidade imediata de cada experiência de vida (seja do professor, seja do aluno), procurando contrapor realidades a conhecimentos já elaborados, lidando com teses e antíteses e fundamentando sínteses.

4. Um trabalho mais integrado e dinâmico que procure auxiliar o avanço cognitivo de cada aluno, pautado em bases de cooperação, colaboração e solidariedade.

5. Um trabalho didático-pedagógico que abra e garanta espaço à criatividade, à curiosidade, à capacidade de observação dos alunos, propondo e sistematizando informações e atividades coerentes com suas experiências de vida e estágio de desenvolvimento mental.

6. A problematização de questões e vivências diretamente vinculadas aos alunos, fazendo-os pensar, refletir, agir e atuar sobre os fatos analisados.

7. Colocar os alunos em contato com uma diversidade de informações e fontes a respeito dos assuntos que estão estudando.

---

magia do fazer na escola. São Paulo: Loyola, 1997. v. 1, 2.

8. Considerar as hipóteses dos alunos para explicar os fatos observados.

9. Sistematizar, com base no conhecimento humano acumulado e cientificamente organizado, todas as manifestações espontâneas emergentes, procurando explicar e desvendar questões não esclarecidas pelos alunos.

10. Fazer a integração de conteúdos e atividades.

É pela educação que o homem se integra no contexto socioeconômico, político e cultural do qual é membro atuante.

Já se considerou o professor o centro da educação, pois proporcionava conhecimento ao aluno. O aluno, por sua vez, deveria pacientemente ouvir e assimilar a experiência,[3] porém tudo nos prova que o professor é o proponente da educação, e o aluno é o "agente"; o professor exerce influência poderosa, mas não é aquele que produz a aprendizagem.

O aluno não é uma "tábula rasa" nem uma argila mole, mas um ser com tendências inatas e adquiridas, por quem a educação pode fazer muito.

O professor precisa respeitar o princípio intrínseco, apresentando ao aluno exemplos e proporcionando-lhes experiências.

Finalmente, devemos nos lembrar de que a educação e o ensino devem formar um binômio vital para que o homem consiga a unidade e viva "*au dessus de son ouvrage*".

A educação deve ainda despertar as tendências do ser e proporcionar-lhe meios para "atualizar" essas tendências; conscientizá-los do seu valor, exercitar sua capacidade de julgar e ainda torná-lo apto para tomar decisões em sua vida diária. Em todo trabalho que se pretenda realizar, é preciso assumir posição. Em educação é impossível sermos neutros, daí termos de adotar uma base filosófica, psicológica e sociológica.

---

3. PIAGET, Jean. *La puissance de l'intelligence chez l'enfant*. Paris: Delachaux et Nestlé, 1968.

Capítulo 2

Didática: definição, origem e objetivos

Há várias definições de Didática, a que escolhemos nos parece simples e bem completa: "Didática é a ciência que investiga os fundamentos, as condições e os modos de realizar a instrução e o ensino".[3]

A Didática é um dos ramos da Pedagogia que é considerada a ciência da educação.

A Didática analisa a aprendizagem do aluno, as causas das dificuldades dessa aprendizagem, que podem ser físicas, sensoriais, neurológicas, emocionais, intelectuais, sociais, geradas pelo ambiente educacional.

A aprendizagem é conceituada vulgarmente como a aquisição de conhecimentos que se realiza pela audição de explicações orais, execução de exercícios etc. Esse conceito não é exato, pois alguém pode saber de memória um tratado de Psicologia, por exemplo, e não conhecer realmente o seu conteúdo.

Para outros, aprender significa adquirir um novo modo de agir. Se acrescentarmos a essa definição a ideia de aperfeiçoamento e de consciência, inteligência e autoatividade, teremos uma definição completa, encerrando as características da aprendizagem.

A aprendizagem é um processo inteligente e seletivo, não consiste num encadeamento de reflexões ou em uma reação cega e inconsciente a estímulos externos, mas é uma atividade consciente que implica sempre na compreensão da situação. A aprendizagem é um processo dinâmico e autoativo. O principal agente da aprendizagem é a própria atividade do aluno, não apenas uma atividade externa e física, mas uma atividade interna e mental.

A aprendizagem é um processo sintético e global, em que entra em jogo a própria personalidade, e exige alguns requisitos:[4]

a. observação imperfeita;
b. compreensão superficial, por falta de pensamento reflexivo ou de capacidade de raciocínio;
c. desinteresse, criando o problema do aluno distraído;
d. ausência de atenção voluntária, dificuldade em manter-se em uma situação de esforço, que talvez lhe pareça penosa demais;
e. indução rápida demais, tendo como consequência conclusões apressadas;
f. maturidade para certas noções exigidas;
g. falta de objetivação suficiente;
h. falta de método especializado.

Entretanto, há casos que constituem verdadeiros problemas de aprendizagem e de ajustamento escolar.

É preciso analisar as causas que provocam tais desajustamentos e problemas.

É na Didática que encontraremos bases sólidas para a formação profissional do professor.[5] Essa formação carece de uma série de disciplinas que se completam perfeitamente com o objetivo de auxiliá-lo de forma teórica e prática.

A Didática analisa o que é ensinar e como acontece o processo pedagógico escolar e tem como objetivos de estudo a organização do processo de ensino com as atividades dos alunos e professores, a assimilação de conhecimentos e o aprimoramento das capacidades cognitivas.

---

4. BLOOM, B. S. et al. *Taxionomia dos objetivos educacionais*. Porto Alegre: Globo, 1974.
5. MILIARET, G. *L'education daus le monde*. Paris: Atenas, 1995.

O processo de ensino é abrangente, engloba objetivos sociopolíticos, pedagógicos, conteúdos, alunos, professores, relação ensino-aprendizado, ou seja, não é uma atividade automática.[6]

É preciso analisarmos o desenvolvimento histórico da Didática. Recorremos à heurística para nos documentarmos e entrarmos nas fontes históricas.

Algumas fontes da história da Pedagogia consideram o nome *restos* como os utensílios de toda a classe, edifícios, moedas, costumes, jogos, línguas, códigos etc. para definir a própria Pedagogia. Outras analisam as memórias e os anais, as crônicas e obras-primas do pensamento universal, como *Ilíada*, *Odisseia*, Antigo e Novo testamento, *Divina Comédia* e outras.

Mais importantes são as obras clássicas da pedagogia: *República* e *As leis,* de Platão; *Cidade de Deus,* de Santo Agostinho; *De Magistério*, de Santo Tomas; *Emílio*, de Rousseau; *Como Gertrudes ensina seus filhos*, de Pestalozzi; *A escola e a sociedade*, de Dewey; *A medida do desenvolvimento mental nas crianças*, de Binet, entre outras.

Agora passemos a algumas análises.

A época do tradicionalismo

Para os povos orientais[7] e os habitantes das Américas, o ideal educacional consiste em transmitir os costumes e as tradições. O tradicionalismo não considera a tradição pedagógica, o processo educativo consiste na mera transmissão de bens culturais, na comunicação de conhecimentos, usos e costumes do passado. A educação é uma recapitulação do passado.

Para isso, os povos orientais dependem de uma interpretação gramatical dos textos sagrados e do brâmane,

---

6. GUIMARÃES, V. S. *Formação de professores*: saberes, identidade e profissão. Campinas: Papirus, 2004.

7. LARROYO, Francisco. *Los principios de la etica social*. México: Porruá, 1965.

que é o expoente da cultura hindu, um grande gramático – constitui o tradicionalismo filológico.

Já no Egito, predominou uma educação prática, realista.

Também na educação dos hebreus existe muito tradicionalismo. Para eles, que cultivam a ideia de um Messias que libertará o povo da escravidão, a finalidade da educação é formar fiéis e obedientes servos de Deus – monoteísmo.

Os habitantes das Américas tiveram uma educação tradicionalista bélico-religiosa.

Em resumo: a educação tradicionalista tem consciência do seu passado. Já não se conforma com o processo mimético, introduz métodos condutivos e didáticos, conservando nas gerações jovens a tradição cultural.[8]

Povos clássicos

Com os gregos, inaugurou-se um outro tipo de cultura e de educação. O grego agora sabe que o conhecimento se conquistava por um ato de liberdade intelectual. Seu protótipo era o filósofo, que amava e buscava o saber.

A pedagogia grega usa o termo "paideia", que designa o caráter essencial da educação, indicando uma formação integral e consciente do homem.

Com Homero, em *Ilíada* e *Odisseia*, os gregos estudam: história, geografia, ética, usos e costumes, combates, religião e moral contidos nesses poemas que são chamados de "bíblia helênica".

O mundo homérico foi profundamente culto, talvez o grande expoente de uma civilização sem livros. A educação no tempo homérico é dada pelos exemplos.

Destacam-se duas grandes cidades-estado:

Esparta: Licurgo, no século IX a.C., organizou o Estado e a educação em Esparta. Essa educação teve traços socialistas. O ideal pedagógico era formar cidadãos respeitosos com os

8. Id.

deuses, patriotas, bravos e fortes pelo Estado e para o Estado. Estudava-se em escola pública, observava-se a constituição física dos alunos e lhes era dada uma educação com o predomínio da ginástica; a caça, a equitação coletiva e o jogo da bola eram ensinados e praticados.

Atenas: foi uma cidade intelectualizada. Sólon foi seu legislador. Era um estado de cultura que introduziu uma educação preocupada com o desenvolvimento harmônico da personalidade humana.[9]

Aos 7 anos, os meninos eram confiados a um pedagogo que os acompanhava até a escola. O tempo escolar era dividido em duas partes: palestra (cultivo do corpo) e didascaleia, que era a escola de gramática. Praticavam ainda o *pentathlon*: salto, corrida, lançamento de disco, lançamento de dardo e pugilato.

O processo de aprendizagem era mecânico, ensinava-se a leitura pela repetição de sílabas e palavras. Escrevia-se o alfabeto em tabuinhas recobertas de cera. O mestre escrevia e o aluno copiava. Usavam o ábaco para a Matemática, depois aprendiam as fábulas de Esopo. Estudavam: História, Religião, Geografia, Ciências Naturais, tudo mediante uma arte mnemônica.

No século V, Tales de Mileto introduziu o ensino da Geometria e Pitágoras, a ciência dos números, além do ensino de música pelos citaristas.

Aos 18 anos, o jovem ateniense passava a fazer parte dos efebos, frequentando a escola de guerra. Além do *pentathlon*, praticavam o *pancration* (luta livre e violenta), a hoplomaquia (luta com armas pesadas), o manejo do arco e a equitação.

Não poderíamos deixar de mencionar a trindade filosófica grega e sua influência na educação.

a) Sócrates e a pedagogia filosófica

Sócrates repudiava o relativismo e o capitalismo e usava um método para obter conhecimentos universalmente válidos. Ele

9. JAEGER. W. *Paideia*. Madri: La Lectura, 2000.

fez do exame de si mesmo um método filosófico: "Conhece-te a ti mesmo". Sócrates interessou-se pelas virtudes humanas. Para ele, o fim único da Filosofia era a educação moral do homem e a virtude era a própria felicidade do homem.

Sócrates ia à praça pública ensinar as pessoas e queria, em comunhão de trabalho, descobrir a verdade. Cuidava de interessar o aluno no tema, tirava assim o homem de sua vida cotidiana para introduzi-lo em um diálogo pedagógico. Depois iniciava a indagação, requerendo do aluno respostas; quando percebia o erro, convencia o aluno de sua ignorância "ironia-socrática".

Seu objetivo final era conduzir o educando pela reflexão própria à verdade moral. Usava também a "maiêutica", que significa "dar a luz às ideias". Sócrates percebeu que o fenômeno educativo era autoatividade. Usou o método de indução.[10]

b) Platão

Este filósofo caracterizou a pedagogia política. Segundo Platão, para participarmos do mundo das ideias precisamos da educação. Também acreditava que a educação é autoatividade.

O conhecimento não vinha de fora para o homem, era um esforço da alma para chegar à verdade. O educador deveria promover no educando o processo de interiorização, segundo o qual sente as ideias. Na educação era preciso levar em conta o corpo e o espírito.

Platão via na educação a finalidade de formar homens plenos e virtuosos e percebeu ainda as relações entre indivíduo e sociedade.

Os meninos de 3 a 6 anos faziam exercícios físicos, estéticos e morais e praticavam o *pentathlon*, dança e poesia. Dos 7 aos 13 anos, cultura intelectual, leitura e escrita. Dos 13 aos 16 anos, educação musical, gramática, aritmética, poesia, canto e orquéstica. Dos 17 aos 20 anos, formação militar. Dos 21 anos

10. MAIER, H. *Sócrates*. México: Porruá, 1913.

em diante apenas para quem fosse da classe dos governantes. Era uma educação de caráter científico: aritmética, geometria e astronomia. Depois vinha a formação filosófica e dialética e finalizava-se com a ideia do Bem.

Com Platão, a filosofia adquiriu o direito de iluminar e decidir quanto aos fins e à estrutura da educação.[11]

c) Aristóteles

Para Aristóteles, o conceito de educação tem como base a ideia de imitação. O homem se educa na medida em que copia a forma de vida dos adultos. O homem se educa porque existem disposições a desenvolver e meios para realizá-las. Teoria do ato e potência, ou seja, o homem se educa para atualizar suas energias.

A educação humana é formada por três fatores: as disposições naturais, os meios para aprender e o hábito para afirmar o aprendido.

Assim, o mestre deve: 1) expor a matéria; 2) imprimir o exposto na mente do aluno; e 3) buscar que o educando relacione as aprendizagens pelo exercício.

Aristóteles recorre à Psicologia para explicar o processo educacional, sendo um dos primeiros pedagogos a estudar como se produz o fenômeno educativo na "psique". O filósofo usou o método da Lógica para entender a aprendizagem fazendo análise, síntese, indução, dedução e criou o silogismo, que usa juízos e dedução.

Ensinou ainda que a natureza humana não é dividida em partes, então sua educação deve ser integral, exigindo o cultivo de todas as disposições humanas.

Aristóteles propunha que:

1) até os 7 anos de idade, fosse dada preferência à educação física;

11. PLATÃO. *A República*. São Paulo: Mestre Jou, 1980.

2) dos 7 aos 14 anos, educação intelectual, leitura, escrita, música, desenho, cultura física, gramatical;

3) dos 14 aos 20 anos, música, retórica, Matemática, Filosofia e Política.

Nunca se descuidou da cultura moral dos educandos. Sua produção nos domínios da investigação e da docência teve grande influência na Pedagogia do futuro.[12]

É preciso analisarmos ainda outro povo clássico: os romanos e a Pedagogia "Humanitas".

Roma caracterizou-se nos tempos primitivos por sua educação doméstica, em que a família educava seus filhos. Era uma educação austera, na qual predominavam o amor à pátria e o culto aos deuses. Usavam também as práticas agrícolas.

Posteriormente surge um outro tipo de educação: nas escolas elementares. Algumas delas chamavam-se escolas "*ludi magister*" (escola do jogo). Ali também se aprendiam as primeiras letras. Tinham então: leitura, escrita e cálculo. Leitura, soletrando; escrita, copiando com estilete em uma tábua de cera; cálculos em tabuleiros de seixos. A disciplina era severa e usavam castigos corporais. A educação física preparava soldados.

O adolescente preferia o circo e os combates no anfiteatro, sabia conduzir corcéis, carros e lançar o dardo, praticava a dança.

No século III, foi introduzida a cultura grega em Roma e assim surgiam na Europa a primeira escola que teve como fundamento de ensino o estudo de uma língua estrangeira e também a escola do gramático, que aprofundou o sentido da "humanistas" como a cultura geral que ia além dos interesses locais e nacionais. A gramática era a base da formação.

Surgiu então a educação terciária. A retórica formal era muito desenvolvida. As aulas de Direito e de Filosofia eram objeto de estudos dos professores de "*iuris civilis*" que se especializaram em lições de latim.

12. LARROYO, Francisco. *La filosofia de los valores*. México: Porruá, 1985.

Foram criadas as universidades em Roma. Multiplicaram-se as bibliotecas, tão importantes para o ensino superior.

A Educação Física contava à época com os "*collegia iuvenum*", clubes juvenis aristocráticos.[13]

A Idade Média e a educação cristocêntrica

Uma nova potência que foi a Igreja de Cristo salvou para o futuro os tesouros da cultura durante as invasões bárbaras.

A Idade Média percorreu em sentido contrário o caminho que os gregos haviam feito no caminho da cultura.

A educação, na Idade Média, partiu da doutrina eclesiástica e chegou ao desenvolvimento do espírito científico.

Cristo assumiu grande importância como pedagogo, foi considerado o modelo perfeito de mestre cristão e denominado o Pedagogo da Humanidade. Os recursos pedagógicos que usou conduzem o educando com a alegria à verdade que ele se propôs a ensinar. Recorria às parábolas, que são comparações para facilitar a compreensão, e tinha a arte de interrogar, expor e exercitar o interesse dos discípulos. Era simpático, digno, severo, paciente.

A educação cristã inicia-se nos tempos apostólicos quando apareceram as primeiras[14] comunidades cristãs

As escolas eram simples e os objetivos eram ensinar a ler, salvar a alma, além do aprendizado de um ofício manual. A educação tinha caráter doméstico.

Entretando, imediatamente as comunidades cristãs ultrapassaram o círculo familiar e apareceram nas catacumbas, daí se originaram as primeiras escolas cristãs.

Surgiu o *Didaquê* – uma coleção de instruções –, o primeiro esboço da doutrina cristã escrito com intenção pedagógica.

---

13. GELIUS. *Noctes Atticae.* Roma: Biblioteca Clássica, 1986.

14. MARROU, Henri-Irenee. Histoire de l'' education dans l'antiquite. Deuxieme éditon. Paris: Editions du Seiul, 1950.

Em outra etapa, a patrística permitiu o aparecimento das escolas. Usaram um processo[15] vivo e simples: a catequese, ou seja, instruir por meio de perguntas.

Santo Agostinho destacou-se entre os educadores patrísticos. Para ele, o homem, além da vontade,[16] era memória e inteligência. E ele ainda analisou as causas do fracasso pedagógico: pouca capacidade do mestre, reiteração cansativa de conhecimentos, inteligência muito reduzida do educando, desatenção deste no ato do ensino.

Os alunos deviam aprender leitura, escrita, cálculo, gramática, retórica, dialética, geometria, filosofia e teologia.

O monasticismo conciliou os dogmas[17] com a ciência e cultura gregas. Destacou-se Bento de Núrsia, que organizou as duas escolas monásticas existentes: uma interna para os noviços e outra externa para outros meninos.

A disciplina era rígida, e os alunos aprendiam latim e as "sete artes liberais". O processo de aprendizagem era lento, faltavam livros e os copistas copiavam textos para serem estudados, finalmente faziam exercícios.

O monacato ocidental deixou muitas contribuições à educação. Foi o primeiro que reconheceu o valor dos trabalhos manuais na educação. Os monges ensinaram ainda o cultivo da terra, a arte na madeira, metais, couro e tecidos, melhoraram a saúde pública.

Organizaram as sete artes liberais que compreendiam: Gramática, Dialética, Retórica, Aritmética, Geometria, Astronomia e Música.

Carlos Magno foi o primeiro monarca que conseguiu criar um império compacto de vasta extensão e de cultura. Prescrevia que todos os seus súditos enviassem seus filhos à escola –

15. BERGSON, Henri. *La pensée et le mouvant vingt*. Paris: Prèsses Universitaires de France, 1950.

16. EIDEGER. *Santo Agostinho como pedagogo e sua influência na história da cultura*: São Paulo: Mestre Jou, 1980.

17. LE GOLFF, Jacques. *Les inttelectuels au Moyen Age*. Paris: Editions du Seuil, 1957.

obrigatoriedade do ensino. A educação chegou a possuir três graus: a) educação elementar; b) educação secundária; e c) educação superior.

Finalmente a Escolástica[18] veio trazer uma mudança na maneira de conceber e ensinar a ciência e a teologia.

Usaram o método dedutivo em sua forma silogística, demonstraram que não existia conflito entre o saber e a fé, filosofia e teologia, a razão e a revelação.

A época culminante da Escolástica analisou de modo profundo as obras de Aristóteles. Destacou-se São Tomás de Aquino que, em seu livro "*De magistro*", assinalou as qualidades do mestre cristão e a base psicológica do processo de ensino, insistindo na participação que o aluno deveria ter em sua formação física e espiritual.[19] A instrução habituava o educando a desdobrar toda a sua energia intelectual.

A Idade Média teve uma didática peculiar, utilizando-se dos procedimentos de:

a) leitura de livros autorizados;
b) conversação para elucidar os textos;
c) comentários por escrito;
d) exercícios de composição;
e) diálogo;
f) discussão dialética;
g) questões disputadas;
h) temas livres propostos.

Houve ainda na Idade Média a educação secular dos cavaleiros que cuidavam da educação da formação espiritual e física dos jovens, era musical e guerreira. As escolas eram municipais e a educação rural. Nos grêmios recebiam ensino técnico, industrial e comercial. A mulher passava a receber

18. GRAND, Roger; DELATOUCHE, Raymond. *L'agriculture au Moyen âge de la fin de l'Empire Romain au XVI é siecle*. Paris: De Boccard, 1950.
19. COHEN, Gustave. *La Grande Clarté du Moyen Âge*. Paris: Gallimard, 1945.

educação, pois começou a ser vista pela figura da Virgem Maria, mãe do Salvador.

É impossível deixar de analisar as universidades medievais,[20] pois, embora tivessem traços comuns, não nasceram nem se organizaram de maneira idêntica.

As universidades que mais se destacaram foram as de Paris, Bolonha, Salerno, Oxford, Heidelberg e Viena e estavam organizadas em faculdades. Em geral a universidade compreendia quatro faculdades: Teologia, Direito, Medicina e Artes.

Quem concluía esses estudos tinha o direito de receber graus acadêmicos, como bacharelado, licenciatura, doutorado. Tudo isso era obtido pelo regime de exames.[21]

O método da pedagogia universitária compreendia três fases: lições, repetições e disputas.

Para firmar o aprendido, havia a defesa de tese. Usavam livros canônicos e muito amplamente os de Aristóteles.

O ensino da Medicina recorria às obras dos médicos gregos Hipócrates e Galeno e à grande enciclopédia médica do filósofo árabe Avicena.

O aprendizado da jurisprudência fundamentava-se em duas obras: para ensinar o direito profano, baseavam-se no *Corpus Juris*, que era uma coleção de direito romano; e para o direito eclesiástico usavam uma compilação das atas dos concílios e decretos pontifícios.

Os colégios acadêmicos surgiram de hospedarias, seus membros eram bolsistas. Assim originaram-se os colégios universitários.

---

20. DAVY, M. M. *Les Sermons Universitaires Parisiens de 1230-1231*. Contribuition a l'Histoire de la Predication Medievale par M.M Davy. Paris: Librairie Philosophique J. Vrim, 1931.

21. GENICOT, Leopold. *Les Lignes de Faîte du Móyen Âge*. Belgique: Casterman, 1961.

Renascimento

O Renascimento trouxe uma renovação, uma nova concepção do mundo e da vida. No caso da educação, foi uma retomada da "humanitas".

Muito parecidos com Sócrates, os homens do Renascimento se sentiram livres, com uma autoconsciência do seu valor.

Houve o renascer da cultura clássica; o Renascimento iniciou-se com os italianos.

Ocorreu a Reforma religiosa, iniciada na Alemanha com Martinho Lutero, que deu grande desenvolvimento à abertura de escolas públicas e desenvolveu a ideia da educação elementar obrigatória.

Surgiu então a reforma feita por Ignacio de Loyola, fundador da Companhia de Jesus, ordem religiosa católica que se dedicou à educação.

Foram os jesuítas que abriram as primeiras escolas no Brasil. Utilizavam o método aristotélico e vários recursos didáticos,[22] como música, teatro e diversões, para tornar as aulas mais agradáveis. Eram aulas humanísticas respeitando o aluno. O "Ratio Studiorum" continha o plano, os programas e os métodos de ensino.

Foi o primeiro sistema organizado de educação católica, um trabalho pedagógico de grande mérito.

A organização dos estudos compreendia três ciclos: a formação linguística (gramática), a Filosofia e a Teologia.

O método de ensino compreendia cinco partes: a) prelação; b) contenda; c) memorização; d) expressão; e e) imitação.

Criaram escolas normais nas províncias.

A formação moral e religiosa servia-se do bom exemplo, da vigilância e da prática constante de ações nobres.

---

22. SIACCA, Michele Frederico. *História da filosofia*. São Paulo: Mestre Jou, 1973.

Realismo

Nasce uma nova tendência educativa moderna: o Realismo.

O Realismo, do latim *res* (coisa), na educação atuou como conhecimento das coisas junto com as palavras. Combateu o ensino verbal memorista, livresco e simplificou os estudos.

Com Comenius, fez-se uma reforma pedagógica no século XVII: o Realismo Pedagógico.

A nova época exigia que a Didática economizasse tempo e com rapidez ensinasse coisas reais.

Comenius escreve a "*Didática Magna*" sob dois aspectos:[23] primeiro, os manuais destinados à prática docente; segundo, pelos livros que contêm sua doutrina sobre o ensino e a educação. A *Didática Magna* apresenta a completa arte de ensinar tudo a todos.

Comenius não se afastou dos fins teológicos e religiosos da formação humana. É considerado o pai da moderna Didática pelo método que usava.

Três ideais fundamentais formaram a base da nova Didática: 1) naturalidade; 2) intuição; e 3) autoatividade.

O ensino deve compreender: 1) autópsia (intuição); 2) autopraxia (exercícios); e 3) autocresia (uso).

Em primeiro lugar exercitar os sentidos, depois a memória e a imaginação e, em seguida, a razão, o juízo e a vontade educativa.

É preciso respeitar o desenvolvimento natural do educando e fazer observação direta pelos órgãos dos sentidos.

De acordo com a idade do aluno, o sistema educativo compreendia 24 anos distribuídos em quatro tipos de escolas:

a) infantia: 1 a 6 anos;
b) puerita: 6 a 12 anos;
c) escola vernácula: 6 a 12 anos;

23. COMENIUS, J. A. *Didática Magna*. Rio de Janeiro: Organização Simões; Ed. Francisco Alves, 1922.

d) adolescentia: 12 a 18 anos;
e) juventus: 18 a 24 anos.

Comenius observou que as aptidões das crianças deveriam ser desenvolvidas em sua ordem natural e em permanente contato com as coisas, assim a educação começava com a observação do real.

O caráter integral de sua Didática fez dele um dos grandes reformadores sociais da época.

Naturalismo

O século XVIII foi influenciado por uma concepção crítica e racionalista do mundo e da vida, uma tendência que desejava iluminar tudo à luz da razão. Entretanto, nesse contexto, iniciou-se também uma corrente lateral chamada romantismo educacional, conhecido como o Naturalismo de Rousseau.[24] O Naturalismo foi uma concepção educativa que via na natureza o fim e o método da educação.

Em 1762, Rousseau escreve *O Emílio,* obra composta por cinco livros na qual apresenta o protagonista desde o nascimento até o casamento, demonstrando sua concepção com base na educação como um processo natural que se fundamentou no desenvolvimento da criança.

Por natureza, Rousseau entendia a vida original não influenciada pelos convencionalismos sociais. A natureza intrínseca do homem, própria e inata nele é boa. Acreditava que a sensibilidade é anterior à inteligência e os sentimentos vêm antes das ideias.

Três traços caracterizavam o homem natural:[25] a) amor-próprio e amor ao próximo; b) razão; e c) liberdade.

Então para educar era preciso conhecer a natureza psíquica do aluno, logo a Pedagogia devia ser o fundamento das leis

24. LARROYO, Francisco. *El romanticismo filosófico*. México: Porruá, 1941.
25. ROUSSEAU, Jean-Jacques. *O Emílio*. São Paulo: Mestre Jou, 1988.

psicológicas. Rousseau colocou as crianças no centro da educação teórica, conhecida como: "paidocentrismo".

Rousseau formulou o problema da educação humana geral, estudou a condição humana, concebeu a educação como um processo vital, fez da criança o verdadeiro fator do processo educativo, respeitou a liberdade humana, estabeleceu relações entre a Psicologia e as normas educativas, tornando autoativa.

Rousseau teve muitos discípulos, entre eles Pestalozzi, que assentou as bases da educação popular moderna. Em suas obras, o protagonista é a humanidade. Dentre elas destaca-se *Leonardo e Gertrudes,* mostrando a ação do lar na vida infantil.

Pestalozzi concebeu a educação do ponto de vista social, preparando os homens para viver em sociedade.

Dava grande importância ao método intuitivo como forma de desenvolver a observação e a análise.

Desenvolveu três aspectos da educação elementar: a) ensino dos números; b) ensino da forma; e c) ensino da linguagem. E também a cultura física e manual para que o aluno adquira uma profissão.[26]

A pedagogia contemporânea

A corrente pedagógica de maior influência no campo da educação contemporânea é a Pedagogia da Ação, que considera o fato educacional como uma atividade do aluno e observa ainda que o processo educativo não exige um esforço que vem de fora, mas de uma atividade que surge dentro do aluno de modo espontâneo, ou seja, é uma autoatividade. É funcional a tarefa do aprendizado, que deve partir do aluno. O professor é um proponente dessa educação. Ao adquirir conhecimento, o aluno foi fruto do esforço de sua autoatividade.

No fim do século XIX, surge o movimento das Escolas Novas, que estende a atividade escolar a outras manifestações da

---

26. LUZURIAGA, Lourenzo. *Seleção e introdução à antologia de Pestalozzi.* México: Porruá, 1980.

vida infantil, como artes, trabalhos, jogos, excursões, educação moral etc., que vão produzir a educação espontânea.[27]

Pode-se dizer que a Pedagogia da Ação se fundamenta em cinco princípios: autoatividade, pedocentrismo, autoformação, atividade variada e atividade espontânea e funcional.

A Pedagogia da Ação está em estreito relacionamento com as Escolas Novas, que são eminentemente práticas que se preocupam em introduzir novos usos na vida da educação. Essas práticas têm como principais características:[28]

1) educação integral;
2) vida no campo;
3) coeducação;
4) sistema de internatos.

As Escolas Novas se espalharam pelo mundo e uma das mais importantes foi a Escola de Yasnaia Poliana, de Tolstói, que valorizou a escola russa rural.

Surgem então grandes teóricos da Pedagogia ativista, entre eles John Dewey, com sua posição quanto ao ensino que deveria ser pela ação (*learn by doing*), pois considerava a educação como uma contínua reconstrução da experiência.

Dewey influenciou muitos países, inclusive o Brasil, na construção de programas de ensino, pois considerava que nas matérias de ensino devia haver a interpretação como a forma de forças que atuam na vida da criança e dai ter que descobrir os processos que intervém entre a experiência presente da criança e sua maturidade mais rica. Ele atribuiu à sua doutrina[29] um caráter psicogenético.

Anísio Teixeira, educador brasileiro, na década de 1930 forma um grupo de educadores, um movimento muito

27. MATTOS, Luiz Alves. *Sumário de didática geral*. Rio de Janeiro: Aurora, 1963.

28. TOLSTÓI, Leon. *La Escuela de Yasnaia Poliana*. Valencia: Prometeo, 1920.

29. DEWEY, John. *As criança e o programa escolar*. Chicago, 1942.

atuante, chamado Pioneiros da Escola Nova, que defende os mesmos ideais propostos por Dewey, divulgando a educação pela ação: educação é vida e não um preparo para a vida.

Também os métodos são modificados, criaram-se métodos ativos que foram globalizadores, métodos das classes diferenciadas, métodos de trabalhos em equipes, métodos socializantes, métodos fenomenológicos etc.

Passemos a ver o método Montessori.

Usando a individualização do ensino sem negar a socialização negativa, foi o método Montessori, com suas famosas "Case dei bambini", que parte do princípio da autoeducação e propõe uma atividade livre, concentrada, persistente e capaz de produzir novos atos valiosos de execução própria.

Esse método tem abundante material didático (cubos, prismas, bastidores para enlaçar, caixas cartões etc.) destinado a desenvolver os órgãos dos sentidos. É um material autocorretor.

O ambiente também é importante: adotam uma escola limpa, onde a criança faz sua higiene, arranja os móveis, faz limpeza. É também chamado de Método da Pedagogia Científica.

É preciso analisarmos a corrente fenomenológica da educação de Jean Piaget, psicólogo muito preocupado com o processo de aprendizagem.

Segundo Piaget, o desenvolvimento[30] da inteligência infantil processa-se em quatro etapas diferentes:

a) ativismo puro: do nascimento até 2 ou 3 anos;
b) egocentrismo: 3 a 8 anos;
c) começo da socialização: 8 a 10 anos;
d) socialização cada vez maior: depois dos 11 anos.

O pensamento da criança até os 8 anos é egocêntrico, ela pensa em si mesma, sem preocupar-se em se fazer compreender. Exterioriza o pensamento, mas não o socializa.

---

30. PIAGET, Jean. *Seis estudos de psicologia*. Rio de Janeiro: Forense, 1964.

O pensamento se submete a duas tendências lúdicas. Ela confunde o pensamento e o real, mas o choque do seu pensamento com os outros a obriga a verificar a verdade.

Quanto ao vocabulário, a criança emprega o mesmo que o adulto com quem convive, mesmo que não consiga compreender-lhe o significado. Com o tempo, ela vai entendendo o sentido real das palavras. Justifica-se a dificuldade que sente ao entrar na escola: vê- se diante de conceitos novos e deverá começar a abstração.

Temos que levar em conta o sincretismo infantil, cuja percepção se realiza de forma global, total. A compreensão também é sincrética, vê o todo e depois analisa os detalhes. Dificilmente a criança consegue fazer uma síntese entre diferentes elementos de um mesmo conceito. Comumente se contradiz, porque considera ora um, ora outro aspecto isoladamente.

Dentro de qualquer conceito temos a compreensão e a extensão,[31] para compreender é necessário abstrair. Assim conseguiremos captar principais caracteres dos seres. Quando visamos à extensão de um conceito, precisamos generalizar.

A criança até os 7 anos não consegue generalizar ou estender um conjunto de caracteres a um número indeterminado de seres.

Para que a criança entenda uma definição, um conceito, deve saber atribuir e generalizar, o que só conseguirá aos 8 anos.

Como professores, precisamos agir no sentido de melhorar a compreensão sincrética, a generalização e a aprendizagem de nossos alunos.[32]

Outros pedagogos também merecem ser mencionados: Vygotsky, Binet Luria, Wallon.

Passemos agora à atualidade pedagógica brasileira. Pode-se dizer que recebeu a influência da Pedagogia Cultural, que

---

31. PIAGET, Jean. *Fazer e compreender*. São Paulo: Melhoramentos, 1978b.
32. PIAGET, Jean. *La representation de l'espace trez l'infant*. Paris: Delachaux, 1966.

não era conhecida por aqui e que pode ser representada por Lourenzo Luzuriaga, Francisco Larroyo, Luiz Alves de Mattos e Onofre de Arruda Penteado Júnior.

Poderíamos dizer que a Pedagogia no Brasil divide-se em dois grandes grupos:

1º) predomina o cunho liberal, a tradição e o tecnicismo educacional. O professor centraliza a atividade de ensinar e com isso os conhecimentos perderam seus significados sociais.

2º) pedagogia libertadora, pedagogia crítica social, que tem em seu bojo várias correntes: a alfabetização de adulto, a educação populacional. Engloba ainda a teoria progressista de John Dewey, a não diretiva de Carl Rogers, a espiritualista católica representada pelas comunidades de base, a montessoriana e a piagetiana.[33]

Sintetizando por décadas, temos:

1) nos anos 1950, o aluno é o fator decisivo da educação escolar, o professor orienta, incentiva e controla a aprendizagem.

2) nos anos 1960, surgem movimentos como Educação de Adultos, tal qual uma espécie de libertação produto de uma pedagogia libertadora com base no behaviorismo de William James e John Dewey. Os testes são muito usados para avaliar a aprendizagem.

3) nos anos 1970, continuam movimentos sociais criando tipos diferentes de educação – como educação popular. São os movimentos produzidos pela Pedagogia Crítica Social.

4) nos anos 1980, predominava a tendência progressista com o objetivo de atender mais pessoas. Trata-se do estudo[34] da especificidade de ensinar e aprender formando uma unidade.

Pode-se dizer que dos anos 1980 até a atualidade temos uma Pedagogia.

---

33. ROMANELI, Otazia. *Históra da educação brasileira*. São Paulo: Cortez, 2000.

34. SROUR, Robert Henry. *Poder, cultura e ética nas organizações*. Rio de Janeiro: Elsevier, 2013.

Capítulo 3

Métodos de ensino

No sentido geral, método é a "ordem que se deve impor aos diferentes processos necessários para atingir um fim dado".[35] Do ponto de vista do conhecimento, é o "caminho a seguir para chegar à verdade nas ciências"[36].

O método tem como fim disciplinar o espírito, excluir de suas investigações o capricho e o acaso, adaptar o esforço a empregar seguindo as exigências do objeto, determinar os meios de investigação e a ordem da pesquisa. É fator de segurança e economia. O método implica, para ser fecundo, inteligência e talento.

Podemos distinguir diferentes espécies de métodos, a saber:

1) Método de ensino que usa muito a dedução

Ensinar uma ciência é em um sentido conduzir o aluno a reinventá-la por sua própria conta. O método científico procede por demonstração e recorre ao critério da evidencia intrínseca.

O método experimental se apoia sobre os fatos da experiência. Esse é o método das ciências da natureza, que tem como base os fatos e admite apenas o critério da verificação pelos fatos.

O método racional é aquele que, com base[37] em fatos (Filosofia), ou com base em proposições admitidas *a priori*

35. CHEVALIER. *Descartes*. Paris: gallimard, 1932

36. VERNEAUX. *Les sources cartesiennes et rantiennes de l'idealismo français*. Paris: Présses Universitaires de Frame, 1936.

37. MARITAIN, Jacques. *Eléménts de philosophie*. Paris: Presses Universitaires, 1923.

como evidentes por si (Matemática), procede por dedução ou indução, em virtude das exigências lógicas e racionais.

Analise e síntese são processos gerais do método.

Nós chegamos ao conhecimento preciso das essências ou naturezas e das propriedades por meio da análise. A síntese se acrescenta à análise como um meio de verificação dos resultados desta. A análise é uma visão do todo em parte e a síntese é uma composição das partes para formar o todo.

Os métodos ativos podem ser predominantemente globalizadores.[38] O método Decroly, também chamado Centro de Interesse, foi importantíssimo na nova Didática. Demonstrou que a vida anímica da criança é diferente da do adulto. Ao passo que este é capaz de discernir e analisar, a criança tende para representações globais de conjunto, percebe as coisas e os fatos como um todo. Só no início da adolescência é que se interessa pelas abstrações e pode praticar uma análise metódica dos objetos.

Ovide Decroly reage contra a organização tradicional do ensino.

Os Centros de Interesse devem ser determinados de acordo com as necessidades primordiais da criança, alimentação, respiração, asseio, proteção contra perigos, jogos, trabalho recreativo, cultural e social.

Agora formam-se os planos de estudos construídos com base nas matérias científicas. São aos seguintes:

a) a criança e a família;
b) a criança e a escola;
c) a criança e o mundo animal;
d) a criança e o mundo vegetal;
e) a criança e o mundo geográfico;
f) a criança e o universo.

Esse programa de ideias associadas pelo método de Centros de Interesse substitui também o programa de ensino

38. DECROLY. *Centro de interesses*. São Paulo: Melhoramentos, 1940.

por capítulos e subcapítulos dos tradicionais livros de texto, que recomendam seguir na aprendizagem uma série de etapas, como observação direta das coisas, associação das características observadas, expressão do pensamento por meio de linguagem, desenho, modelagens e dos trabalhos manuais.

2) Métodos que diferenciam o ensino

A globalização do aprendizado corrige o processo que organiza os estudos por matérias isoladas. A educação diferenciada remedia o vício do ensino simultâneo, pois não leva em conta as diversas aptidões e tipos de inteligência dos alunos no processo didático.

A base de sustentação do ensino simultâneo é a ideia de que a inteligência das crianças é uniforme, de um só tipo ou classe, e de que elas se diferenciam pelo maior ou menor grau de talento natural.

De acordo com essa ideia, distribuem-se alunos e matérias. Os alunos são divididos em classes homogêneas, porém notou-se que mesmo nesse caso os alunos apresentavam diferenças. Alguns alunos são mais rápidos na concepção, outros se esquecem mais facilmente, uns sobressaem-se em uma disciplina, outros não.

Herbart classificou esses alunos em nível inferior, nível médio e nível superior.

Entretanto, é a Psicologia Experimental, particularmente a de Claparède, que estabeleceu com rigor[39] o problema da educação dos escolares.

Ele organizou grupos móveis para conseguir a diferenciação no ensino. Levou em conta a aptidão genérica dos alunos: superdotados, normalmente dotados, subdotados. Isso significa levar em conta o grau de capacidade de cada aluno para dividi-los em diversos grupos.

Claparède dizia que "a natureza não dá saltos", daí a necessidade de substituir a Pedagogia de uma dimensão por

39. CLAPARÈDE. *A educação funcional*. São Paulo: Mestre Jou, 1900.

uma Pedagogia de duas ou três dimensões. Dessa forma, cada aluno poderá medir seu ritmo didático, seu tempo de aprendizagem.

O plano pode ser aplicado no curso fundamental e médio por diferentes professores.

Pode-se ainda usar planos e programas abertos e semiabertos; distribuir as matérias de ensino em programa mínimo e programa complementar e, ainda, em áreas de estudo livre quando os alunos se dedicam ao trabalho pessoal sob a orientação de professores.

3) Métodos que individualizam o ensino

A Psicologia e a prática docente mostram que nas classes diferenciadas se revelam tão notórias discrepâncias individuais com respeito à aptidão, ao comportamento e ao ritmo de trabalho dos alunos, e para isso é preciso chegar à individualização do aprendizado para superar os processos gerais do ensino simultâneo.

A individualização do ensino não nega a socialização educativa, ao contrário, afirma-se em todo seu valor. Graças a uma educação que leva em conta todas as peculiaridades individuais é que se podem assentar da melhor maneira os valores sociais. Individualizar o ensino é tratar a criança capaz de realizar sua própria educação, não como um ser isolado, mas como o agente principal de sua própria formação.

Mestres e livros são meios a serviço e devem adaptar-se ao aluno, pois o ator de sua formação é ele mesmo.

Um dos melhores exemplos desse tipo de método é o Método Montessori.

A doutora Maria Montessori[40] fez um ensaio profundo nesse sentido nas "Case dei bambini".

Ela partiu do princípio da autoeducação, notando que cada criança no seu respectivo grau de desenvolvimento

40. MONTESSORI, Maria. *Método da pedagogia científica*. Roma: Renascença. 1946.

experimenta necessidades interiores que a impulsionam, agindo em circunstâncias extremas, favoráveis a uma atividade livre concentrada, persistente e suscetível, que produz valiosa aprendizagem. Assim, as crianças poderão prescindir da direção imediata dos adultos e proceder por iniciativa própria.

O método montessoriano usa um excelente e variado material didático (cubos, prismas, bastiões, caixas, cartões etc.) para desenvolver a atividade dos órgão dos sentidos dos alunos. Esse material é autocorretor.

O ambiente escolar é também muito importante na obra da autoeducação, adota o gênero da vida do lar limpo, no qual a criança realiza na escola sua vida prática, faz sua higiene pessoal, veste-se, arruma os móveis, faz a limpeza da escola etc.

O Método Montessori ultrapassou o campo da aplicação para o qual foi concebido e revelou-se fecundo e sugestivo.

4) Método de trabalho por equipes

Aprender não é um vínculo limitado entre o professor e cada aluno. Não se pode aceitar em educação: cada aluno por si e para si.

A educação conserva e renova a vida coletiva, ela valoriza a vida social, mas a vida é relação e colaboração entre as pessoas, cooperação e ajuda mútua.

A escola deve integrar o aluno na sociedade e promover a socialização sistemática.

A educação ativa aspira proporcionar uma prática social ampla e cuida das relações entre os alunos para que sejam profundas. Para isso pode-se optar por uma educação por equipes de jogo e trabalhos escolares. Essas equipes podem ser fixas, móveis, ocasionais e devem conduzir ao estudo, bem como preparar atos cívicos, competições para desenvolver as habilidades dos alunos. Ainda consegue elevar a conduta no plano da disciplina, fortalecendo a confiança em si mesmo e a autocrítica.

O método Cousinet do pedagogo francês Roger Cousinet[41] dá uma fórmula precisa aos métodos de ensino por equipes, censura a rigidez e o dogmatismo das escolas francesas. Cousinet fundou a sociedade pedagógica "La Nouvelle Èducation", que fixou dois princípios para a reforma educacional: 1) a prática da liberdade no ensino; e 2) o estabelecimento do trabalho coletivo por equipe.

Esse trabalho coletivo pode agrupar os alunos em equipes de quatro a oito alunos nas atividades docentes.

A classe se divide em grupos e livremente os alunos os integram. Realizam o trabalho não por equipes isoladas, mas em três setores globalizados: trabalho científico, trabalho histórico e trabalho plástico.

Não há carteiras nas salas de aula e sim mesas em uma espécie de laboratório. Ali os alunos escrevem, leem, trocam ideias e fazem desenhos. Enquanto uns redigem, outros desenham e outros, ainda, pedem ajuda ao professor. Todos se preocupam uns com os outros, há respeito pelo trabalho de todos.

As discussões são em voz baixa, sem conversas alheias ao trabalho, assim não sobra tempo para as distrações.

5) Métodos predominantemente socializantes

Desde Platão, no seu livro *A República*, já se falava do caráter social do ensino. O cristianismo também fortaleceu esse aspecto educativo.

Pestalozzi também acentuou a ideia da comunidade na educação rural em que trabalhou.

Entretanto é com o grande filósofo Paulo Natorp que se formaram os sólidos fundamentos da educação social. Ele erigiu sua Pedagogia Social em contraposição à individualizada.

A Pedagogia Social pretende educar o indivíduo principalmente para a sociedade. O educando deve desenvolver-se dentro da vida em sociedade.

41. SAINZ-AMOR, Concepción. El metodo Cousinet. *Revista de Pedagogia*, Madrid, 1937.

Podemos citar as comunidades escolares de Wyneken, Paulsen e Sharrelmann, que agem como grandes realizadoras dos métodos de caráter social e abrangem todas as manifestações da vida em comunidade.

Em 1896, John Dewey iniciou o movimento em Chicago criando a "Escola Elementar Universitária", que era uma sociedade em miniatura.

Wyneken funda "A comunidade Escolar Livre", que foi um lar de jovens onde o professor é um colega e o ensino é em "acampamentos de trabalho"; professores e alunos formam uma só comunidade.[42]

6) Outras escolas de ensaio e de reforma

O melhor exemplo de escola ativa é a técnica de Celestino Freinet, que introduziu a imprensa na escola, eliminado os livros textos e em seu lugar surgem os trabalhos de composição para a imprensa em que os alunos expressam o que aprendem mediante esforço próprio, pela colaboração e pelo intercâmbio.

O que mais caracterizou a Pedagogia de Freinet foi o cultivo dos meios de expressão com máxima liberdade possível, exploração da curiosidade e da tendência para atividade que há no aluno.

A necessidade de levar a criança à exteriorização, a expressar seu pensamento e sentimento pela linguagem, pela escrita, pela imprensa, pelo jogo e pelo desenho foram as grandes preocupações de Freinet.

Exemplos de uso da técnica de Freinet na escola:

1) entrada da organização do trabalho, redistribuição dos tipos de imprensa, leitura das mensagens de outras escolas, desenho, moral;

2) preparação do texto da redação diária, redação coletiva;

3) trabalhos por grupos: composição do texto por uma equipe e cópia no caderno, outros fazem exercícios de gramática;

---

42. KARTZKE. *Sistemas americanos de educação*. Berlim, 1926.

4) cálculo;

5) ilustração do texto para ser impresso, seleção dos desenhos livres, correção dos exercícios de gramática;

6) funcionamento da imprensa com as crianças cantando, trabalhos manuais, recorte de documentos, experiência com Física, Química, História e Geografia.

À tarde, as equipes se revezam: metade da classe trabalha com o professor e a outra realiza uma atividade livre e vice-versa.

No momento da leitura coletiva, cada aluno recebe uma folha impressa e com as precedentes constituirá no final o Livro da Vida (diário), que é a recapitulação de tudo que viveu na escola.[43]

Quando usamos um determinado método, devemos ter em mente os objetivos do ensino que só alcançaremos quando tivermos propósitos bem definidos.

Os objetivos educacionais requerem do professor uma posição filosófica, política, cultural, ideológica e social.

Os objetivos dividem-se em:

a) gerais: são os mais abrangentes e devem ser usados pelo professor, pela escola e pelo próprio sistema escolar. Sem a Filosofia é impossível realizarmos tarefas intelectuais sem delinearmos seus objetivos, pois precisamos, no caso da Escola, luta para conseguir que seja para todos e de forma igualitária.

Não podemos imaginar que só um grupo de alunos possa desenvolver suas capacidades, isso deve se estender para todos.

Ainda ao escolher os objetivos, devemos verificar se eles colaboram para que os alunos sejam críticos, criativos, sonhadores, felizes e pensem sempre na vida coletiva que terão na escola e na sociedade.

Todos na escola devem participar do trabalho a ser realizado.

---

43. RATHS, Louis et al. *Ensinar a pensar*: teoria e aplicação. São Paulo: Herder; Edusp, 1972.

b) específicos: são mais restritos, mais próximos, mais claros.

Esses objetivos devem levar em conta as dificuldades do assunto, do aluno e, ainda, avaliar se o conteúdo foi assimilado e até detectar o resultado de tal tipo de aprendizagem.

É muito grande a responsabilidade do professor ao escolher o método que vai usar.[44] É impossível deixarmos de seguir um método em nossas aulas.

44. NERICI, Inideo. *Didática geral dinâmica.* São Paulo: Editora Científica, 1973.

Capítulo 4

Planejamento escolar: requisitos para a organização de um planejamento na escola

Planejamento é um trabalho de reflexão sobre como orientar o ensino para que o educando atinja os objetivos da educação, da escola, das áreas de ensino.

Para bem efetuar seu planejamento, o professor precisa saber: a quem lecionar, por quê lecionar, o quê lecionar, como lecionar e como avaliar aprendizagem.

1) a quem lecionar: que tipo de alunos o ensino visa. O planejamento terá sucesso se girar em torno desse tópico. Não se pode esquecer a quem é destinado o planejamento.

2) por quê lecionar: relacionando com os objetivos da educação e da escola, bem como com os da disciplina que se leciona, é um meio para alcançarmos os objetivos.

3) o quê lecionar: deve estar relacionado com o curso e grau do mesmo, bem como o conteúdo que tem que ser tratado. Deve-se dar preferência a que tenha valor funcional, que mais se ligue aos problemas da atualidade, tenha maior valor social os interesses regionais e a fase de desenvolvimento do educando. Deve ainda articular-se com as demais disciplinas do currículo.

4) como lecionar: relacionado com os recurso didáticos que o professor tem que utilizar para alcançar os objetivos a que se propõe por meio da aprendizagem de seus alunos. Compreende técnicas de ensino e todos os recursos auxiliares que são meios para atingir o fim que é a aprendizagem do aluno.

5) como verificar e avaliar: recolher dados sobre a aprendizagem do aluno e como avaliá-lo para saber se o ensino está surtindo o efeito esperado ou se é preciso realizar alterações ou reajustes no planejamento escolar.

O Planejamento compreende: Plano de Curso, Plano de Unidade, Plano de Aula e o Plano de Escola.[45]

1. Plano de Curso

É a previsão de todas as atividades escolares. É uma reflexão sobre o que de melhor se pode fazer quanto ao ensino de uma atividade, área de estudo ou disciplina durante o período letivo em que ela for lecionada.
Seus elementos são:

- objetivos da disciplina;
- horas disponíveis;
- condições do meio social, cultural e econômico;
- possibilidades da escola;
- condições de maturidade e conhecimento da classe;
- programa mínimo a ser desenvolvido;
- métodos e técnicas de ensino eficientes;
- motivação do curso;
- material didático necessário;
- atividades extraclasse;
- trabalhos a realizar;
- verificação da aprendizagem;
- bibliografia.

O Plano de Curso tem três momentos:

1) momento vertical: quando são iniciadas as unidades do programa e o número de aulas correspondente a cada uma delas.

45. PFEIFFER, J. *Uma visão nova em educação*. São Paulo: Ed Nacional;USP, 1971.

2) momento horizontal: consiste na especificação das unidades quanto à sua extensão e profundidade.

3) momento de coordenação: aquele em que as atividades, as áreas de estudo e as disciplinas vão se aproximando e se entrosando.

O planejamento do curso depende muito do tempo disponível.

2. Plano de Unidade

O plano por unidade pode representar uma forma de organização de programa, articulada a uma técnica de ensino, como pode ser a maneira de organizar o programa de uma disciplina independentemente do método de ensino a ser empregado

As unidades são "todos" não muito extensos nem muito curtos, portadores de uma estrutura íntima que as tornam compreensíveis e significativas.

Constituem unidades de aprendizagem: fatos, dados inter-relacionados, formando um conjunto mais facilmente apreensível devido à sua compreensividade que facilita muito a aprendizagem.

O planejamento de uma unidade deve ser mais objetivo do que o Plano de Curso porque está mais próximo de sua execução.

A primeira unidade pode ser a "unidade piloto" para fornecer dados sobre as condições e possibilidades da classe, orientando o professor quanto à extensão e profundidade das unidades seguintes.

No final de cada unidade deve ser feita a avaliação da aprendizagem, não precisa ser longa, deve abranger os pontos principais.

Os elementos de uma unidade são os mesmos do Plano de Curso, somente mais objetivos e específicos, porque estão muito próximos de sua efetivação por meio do ensino.

Os principais elementos são:

a) objetivos da unidade;
b) tempo disponível;
c) conteúdo da unidade;
d) articulação do conteúdo com aspectos profissionais, se possível regionais;
e) previsão de métodos e técnicas;
f) motivação de ensino;
g) material didático;
h) trabalhos como: pesquisa, relatórios, leituras etc.;
i) bibliografia;
j) verificação e avaliação da aprendizagem.

Não é possível esquecer que há três momentos no planejamento:[46]

1) momento vertical: indicação das unidades e do número de horas de cada uma.
2) momento horizontal: cada unidade tem a sua profundidade.
3) momento de coordenação: nesse momento podem ser feitos reajustes da articulação com outras atividades, áreas de estudo.

3. Plano de Aula

A aula é representada pelo tempo de realização do trabalho entre professor e alunos, durante determinado tempo, que varia de 30 a 50 minutos.

O professor vai propor a aula, o aluno será o principal agente de sua aprendizagem.

O professor fornece o material para os alunos trabalharem, dá regras, indicações de trabalho e os alunos realizam a aula.

O Plano de Aula é um projeto de atividade. Destina-se a indicar elementos concretos de realização da unidade didática. É um roteiro de trabalho disciplinador de esforços. Não há

46. CANDAU, Vera M. F. (Org.). *A didática em questão*. Petrópolis: Vozes, 1984.

obrigatoriedade de cumpri-lo fielmente. Dependendo das circunstâncias, o professor deve afastar-se do plano, às vezes para aproveitar motivações espontâneas dos alunos.

Todo Plano de Aula deve conter um conjunto significativo que tenha um princípio, uma sequência e um fim, ou seja, um todo lógico sobre o qual o aluno passa a refletir.

A aula deve ser planejada para eliminar a pura e simples improvisação. O Plano de Aula é uma reflexão sobre o trabalho a ser realizado em classe.

O Plano de Aula deve conter os seguintes elementos:

1. objetivos da aula;
2. tempo disponível;
3. conteúdo da aula;
4. indicação da metodologia;
5. motivação;
6. bibliografia;
7. formas de avaliação;
8. crítica da aula.

Tipos de Aula

As aulas podem ser de diferentes tipos, a saber:

a) aula de sondagem: o professor procura saber o grau de conhecimento e maturidade dos alunos, sua situação social, política, filosófica.

b) aula de motivação: o professor quer despertar a atenção dos alunos para trabalhos em classe.

c) aula de planejamento: professor e aluno organizam esquemas de trabalhos.

d) aula de apresentação da matéria: o professor apresenta de maneira ordenada e lógica a matéria nova aos seus alunos

e) aula de discussão: após os alunos terem estudado um assunto, se reúnem para discuti-lo.

f) aula de debate: os alunos vão defender seus pontos de vista sobre um determinado assunto

g) aula com base em uma outra dinâmica de grupo: o professor aplica outro procedimento além da discussão e do debate.

h) aula de estudo dirigido: os alunos vão pesquisar segundo um plano pré-elaborado, com orientação do professor.

i) aula prática: professor e alunos realizam algo de concreto para demonstrarem uma teoria ou extraírem conceitos de natureza teórica.

j) aula de exercícios: execução de exercícios sob orientação do professor.

k) aula de recapitulação: sínteses realizadas no final de cada unidade estudada.

l) aula de verificação: o professor vai verificar o rendimento dos alunos.

m) aula ocasional: o professor procura atender a uma solicitação dos alunos.

Partes de uma Aula

De modo geral, a aula se divide em cinco partes:[47]

1) planejamento: o professor vai refletir sobre o trabalho que vai ser realizado.
2) preparação dos trabalhos: preparação da classe para os trabalhos, motivação dos alunos.
3) aula propriamente dita: a aula é dada de acordo com os procedimentos didáticos escolhidos.
4) fixação: recapitulação para fixar o que foi estudado.
5) avaliação: apreciação dos trabalhos realizados e dos resultados alcançados.

---

47. FUSARI, José Cerchi. O planejamento educacional e a prática dos educadores. *Ande*, São Paulo, n. 8, 1984.

Planejamento Coordenado

No início, o Planejamento era a execução de um programa para cada disciplina, em seguida surgiu a ideia de se aproximarem as disciplinas afins e, finalmente, se aproximarem, na medida do possível, todas as disciplinas.

Está se formando a ideia de que as disciplinas de um Currículo devem convergir para um só ponto: a formação do educando em função do curso que ele esteja fazendo, dos objetivos desse curso. Então, é necessário que exista a coordenação das disciplinas de um curso para que trabalhem como um todo, facilitando a aprendizagem, cooperando na formação do educando e na consecução dos objetivos do curso.

A coordenação deve ser:

– unidisciplinar: estruturação mais consequente dentro de um programa.

– multidisciplinar: integração de várias disciplinas para trabalharem como um todo.

Pode-se, ainda, dividir em coordenação de primeiro nível (ensino fundamental) e de segundo nível (ensino médio e superior).

A coordenação de primeiro nível pode se dar por:

1) concentração: consiste em organizar as disciplinas de um currículo em torno de algo básico. Por exemplo: o "estudo do meio". Os professores devem trabalhar em grupo e reunirem-se em conselhos de classe para elaborarem planos.

2) coordenação por unificação: consiste na colaboração por meio de disciplinas afins, podendo formar o currículo por áreas, que seria uma forma de coordenação de disciplinas.

3) coordenação por integração: é a mais radical, porque pode extinguir disciplinas. A coordenação por integração pode ser:

a) centralizada no educando, tendo como base as experiências mais queridas da criança para organizar o currículo.

b) formada em um currículo de funções sociais, como consumo, transportes, impulsos estéticos etc., para organizar o currículo.

c) currículo de experiências: virá "a posteriori" com base na motivação revelada pelos alunos.

d) coordenação por método: utilização de métodos que já trazem em si possibilidades de relacionamento das disciplinas.[48]

Coordenação do segundo nível

Pode efetuar-se partindo da correlação que deve existir nas disciplinas e independentes, de maneira a serem alcançadas melhor estruturação e maior profundidade em todas elas. Deve haver um trabalho de correlação para melhor apreender a realidade como um todo e enriquecer as experiências escolares.

É um trabalho de unificação das atividades das diversas disciplinas, que não perdem a sua autonomia, mas procuram entrosar-se com as demais.

Deve-se tomar por base os planos de curso horizontais de cada disciplina, estabelecendo-se os pontos fundamentais de aproximação e integração entre as disciplinas.

O professor deve ter uma atitude favorável a esse tipo de trabalho.

Por meio de disciplinas como língua portuguesa, estudos do meio, exposições, excursões, pesquisas etc., deve ser feito um trabalho de correlação.

Há procedimentos didáticos que facilitam o trabalho da integração e coordenação das atividades, por exemplo:

---

48. RANGAN, William B. *Currículo primário moderno*. Rio de Janeiro: Globo, 1975.

a) estudo do meio: professor e alunos analisam um tema, estabelecem os objetivos a alcançar, tarefas a realizar, colecionam dados, realizam uma atividade culminante e, por fim, avalia-se a aprendizagem.

b) unidade de trabalho: é uma espécie de centro de interesse, que os educandos motivados se propõem a realizar. São feitas algumas atividades e chega-se à conclusão sobre a avaliação da aprendizagem.[49]

Pode-se dizer que o esquema geral de um planejamento de ensino consta de quatro partes principais.

- objetivos: são as metas almejadas por meio do processo ensino-aprendizagem após a execução de uma tarefa, uma unidade, uma área de estudo etc.
- conteúdo programático: representa o objeto do estudo e pelo qual se espera atingir os objetivos. É o que o educando vai realizar ou estudar.
- plano de ação didática: representa os métodos e técnicas de ensino e o conteúdo programático para atingir os objetivos propostos, pode ser chamado também de estratégia.
- avaliação: consiste na apreciação dos resultados de ensino para se constatar se os objetivos foram ou não alcançados.

É necessário refletir se é preciso reformular ou não os objetivos, o conteúdo programático ou os planos de ação didática.

A avaliação é o "*feedback*" do aluno que vai permitir o reajustamento, a realimentação do processo ensino-aprendizagem referente a um ou um grupo de educandos.[50]

---

49. CASTRO, Amélia Domingues et al. *Didática para a escola de 1º e 2º graus*. São Paulo: Edibel, 1973.

50. SAVIANI, Dermeval. Sentido da pedagogia e o papel do pedagogo. *Ande*, São Paulo, n. 9, 1985.

4. Plano de Escola

Plano de Escola é um guia para planejar a concepção pedagógica do corpo docente, as teorias, as metodologias, a organização didática em que figurarão diretrizes, avaliação, administração que regerão a escola.

Para que exista uma unidade didática nas atividades da escola, todos os professores devem conhecer e colocar em prática esse plano.

Quem deve elaborar o Plano da Escola?

Pode ser feito por um grupo de professores para discussão em busca de um denominador comum a ser colocado em prática. Esse plano sempre deve ser produto de uma ação coletiva.

Pode-se seguir alguns passos para construir um plano de escola, como:

a) determinar a filosofia a ser seguida, seus objetivos gerais e específicos;
b) analisar:

- quem quero formar;
- que teorias didáticas devo usar;
- como é esse sistema escolar;
- em que contexto a escola se insere;
- características gerais dos alunos;
- critérios de seleção de conteúdos, métodos, técnicas.

c) estrutura da escola: calendário, atividades extraclasse, sistema de classes, acompanhamento do aluno, reuniões pedagógicas, relações humanas na escola. Pode ser chamado de Plano de Curso ou Plano de Unidades Didáticas.

Nesse plano existe sempre um pergunta: por que devo colocar tal matéria na justificativa da disciplina?

Praticamente a resposta é dada quando colocamos objetivos específicos, mesmo assim é preciso descrever de forma detalhada a importância política, filosófica e profissional dessa matéria que será lecionada.

Não é possível esquecer de responder as questões:

– por quê: respondemos pela Filosofia.
– para quê: pela Filosofia e Ciências Educacionais.
– como: pela Didática.

O professor cônscio de sua responsabilidade deverá constantemente se avaliar em vários aspectos:[51] preparo da aula, atualização em seus conhecimentos gerais e específicos, método usado, dinâmica de trabalho, tempo dedicado à aula, clima emocional, verificação da aprendizagem, relação professor-aluno, atividades interessantes, enfim, analisar seu trabalho ao propor a aprendizagem da disciplina que escolheu lecionar.[52]

51. VEIGA, Ilma P. A. (Org.). *Repensando a didática*. Campinas: Papirus, 1988.
52. Id.

Capítulo 5

Motivação na aprendizagem e o desenvolvimento das competências

Motivação é um processo que se desenvolve no interior das pessoas e as impulsiona a agir mental ou fisicamente.

Motivar é predispor o aluno para as atividades escolares, é um esforço para alcançar objetivos.[53] É ainda despertar o interesse, estimular o desejo de aprender e dirigir os esforços para adquirir os objetivos propostos.

Não há aprendizagem sem esforço, ele estabelece as relações entre o que o professor pretende que o aluno realize e os interesses deste.

O aluno está motivado quando sente[54] necessidade de aprender.

A motivação é uma condição interna, mistura de impulsos, propósitos, necessidades e interesses que levam o aluno a agir.

Toda motivação resulta da necessidade de caráter biológico, psicológico e social. E a aprendizagem se realiza impelida por motivos, ela cria novas necessidades. Daí a necessidade de motivar as atividades escolares para que exista esforço voluntário por parte do aluno.

Há muitas técnicas de motivação. O professor tem possibilidade de usar uma ou várias técnicas para tornar a sua aula interessante. Vejamos algumas:

a) participação do aluno: por meio de situações interessantes, o professor faz com que os alunos tomem parte

53. PFRON, Samuel. *Psicologia educacional*. São Paulo: Pioneira, 1971.
54. Id.

da aula, incentivam as iniciativas dos alunos, enfim, o aluno vai se realizar na aula.

b) elogios e censuras são processos motivadores usados oportunamente; os elogios devem ser oportunos e não exagerados. As censuras são recomendadas a sós, elas devem ser oportunas para dar excelentes resultados.

c) materiais didáticos: são mais importantes do que só o uso de palavras. Por exemplo: quadro-negro, jornais, TV, filmes, som etc.

d) necessidades dos alunos: quase toda escola é divorciada da vida do aluno. Só uma escola articulada com a vida pode oferecer ao aluno condições de transferir as experiências vividas em classe para os problemas da vida cotidiana. Seu dever é preparar o aluno para a vida pela própria vida.[55]

Vamos imaginar uma escola em um país longínquo ou próximo e mergulhemos em uma sala de aula como se estivéssemos assistindo a uma peça teatral.

Primeiro Ato

Os alunos – jovens, exuberantes, alegres, ávidos de aprender ou de, pelo menos, extravasar a sua alegria contagiante – aguardando a aula.[56] Ouve-se um sinal. A professora entra. Ouve-se um burburinho. Ao comando da professora inicia-se a aula. Ela fala em tom monocórdio, escreve na lousa, não permite perguntas, executa com perfeição um planejamento rígido. Expõe suas ideias já superadas em tom autoritário, não permite que sejam experimentadas possibilidades novas e diferentes. Julga como severa juíza os resultados dos alunos em vez de ser uma pessoa interessada em despertar e desenvolver qualidades.

---

55. STOCKER, Karl. *Principios de didática moderna*. Buenos Aires: Kapelusz, 1964.
56. Id.

Bloqueia a expressão criativa dos alunos, tem medo da variedade de ideias, da exuberância, da alegria, do barulho. Só encontra segurança em padrões de controle fixos ou artificiais. Valoriza o "eu" em prejuízo do "nós", não assume um papel de apoio ao aluno.

Imaginem a decepção dos alunos, a inércia gerada, o clima difícil de viver!

O tempo corre, a professora continua com o mesmo procedimento, bloqueando o ensino criativo, bem como o surgimento de situações novas nas quais os alunos possam trocar experiências e concretizar seus anseios de aprendizagem. Receia perder a autoridade, não percebe que os alunos poderiam aceitar o professor como um líder adulto, como um amigo, companheiro e membro do grupo, alguém que – como eles – poderia sentar-se no chão, rir, chorar, cantar, sem perder a dignidade.

Acontece então o inesperado...

Os alunos começam a não querer frequentar a aula! A situação da professora fica difícil não só perante os alunos, mas também perante os outros professores.[57]

Segundo Ato

A professora se questiona, revê sua atitude, procura auxílio em livros de Psicologia, Didática, Filosofia, Sociologia. Entra em processo de autocrítica.Resolve ter uma conversa aberta com os alunos e percebe que pode ajudá-los a liberar a criatividade, propiciando condições de expressão de pensamento de várias maneiras.

Nota que todos os alunos possuem capacidade de criar. Mas... como fazer?

Nesse ínterim passa pela biblioteca da escola, observa vários títulos e se interessa pelo trabalho em *Oficinas Pedagógicas*.

---

57. ZIBAS, Dagmar M. L. Relação professor-aluno no Ensino de 1º grau. *Ande*, São Paulo, n. 4, 1982.

Eureka! Ela percebe, por fim, um instrumento que pode ajudar no caminho da mudança, e se propõe a trabalhar no mesmo ritmo sugerido pelo material pesquisado.

Confiante entra na sala de aula.

Terceiro Ato

Estimula de imediato o entusiasmo e a espontaneidade de seus alunos. Propõe o trabalho criativo, que proporciona concentração e aprendizagem. Passa a precisar a liberação da energia do aluno que acompanha o esforço criativo e, a partir de então, encoraja o ritmo intenso do aluno, garantindo a continuidade do trabalho, a tentativa de novos e melhores meios e o uso de múltiplas formas de expressão.

Planeja e desenvolve com os alunos experiências apropriadas a várias situações de ensino, abre outras perceptivas... Replaneja... Reorganiza... Esclarece... Amplia... Avalia... Reavalia...

Enquanto isso...

As atividades de aprendizagem progridem, os alunos vivem, aprendem, se realizam, sentem-se felizes na escola, que se torna parte da vida deles. E eles, por sua vez, colaboram com a professora, levando adiante os projetos do grupo, com habilidades transformam-se em seres que usam seus próprios recursos criativos para sua autorrealização.

A criatividade dos alunos contagia a professora e ocorre o processo inverso: a criatividade da professora contagia os alunos.

As recompensas de um ensino criativo são ilimitadas...

Final do ano: com uma exposição do que foi criado e da *Oficina Pedagógica* há uma explosão de satisfação, realização e alegria de ter alcançado ótimos resultados: aprendizagem consciente e prazerosa.

Alunos e professores cumpriram a missão!

e) conhecimento claro dos objetivos que devem ser alcançados. O professor deve mostrar de forma clara os objetivos da aula, assim o trabalho transcorrerá com mais clareza, sabendo-se onde será o ponto de chegada. O ser humano é curioso por natureza e essa qualidade deve ser aproveitada, mostrando o ponto de chegada de sua aprendizagem.

O professor deve ainda tentar afastar as condições desfavoráveis para os trabalhos escolares, como: críticas exageradas, castigos intensos, comparações ridicularizantes, injustiças, desequilíbrio emotivo do professor, insegurança, conduta extravagante do professor, excesso de matéria. Deve sim aumentar as condições favoráveis para que os alunos se sintam à vontade, enfatizando os louvores justos, o respeito, a atenção, os conselhos etc.[58]

f) ludicidade. O aluno por meio de sua percepção mais imediata consegue dar significado aos objetos e construir um brinquedo, que conduzirá suas ações e desencadeará uma brincadeira.

Entre perceber um objeto, sondar suas propriedades, construir o brinquedo e desenvolver a brincadeira existe toda uma gama de possibilidades de observar e trabalhar o lidar, o transformar, o construir e o aprender.

O jogo passa não só a representar uma forma específica de brincadeira criada e estruturada pelo aluno como também aponta para situações em que a interação jogo e aluno vem indicar uma forma particular de conhecer e conceber a vida.

O jogo é a maneira que a criança tem de se situar no mundo, de aprender, de conhecer; é o afetivo e cognitivo juntos, é uma necessidade de criança.

Nesse aspecto, a atividade lúdica aparece justaposta à Pedagogia que passa a adquirir uma conotação mais séria, mais sistematizada.

---

58. CARVALHO, Irene M. *O processo didático*. Rio de Janeiro: Fundação Getulio Vargas, 1972.

Interagindo constantemente com o brinquedo, a criança organiza seus modelos explicativos do mundo, procura estabelecer relações entre as diversas situações que vivencia.

O aluno vai procurando vincular significados a tudo que realiza, optando e selecionando as atividades a seu redor. Dona de um potencial mental em desenvolvimento, a criança procura organizar seu meio com base em questões reais por ela vivida.

É nessa perspectiva do significado[59] que acreditamos na possibilidade do espaço *Oficina Pedagógica* vir a responder, senão a todas, algumas das perguntas dos educadores que se referem à aprendizagem ou, mais especificamente, como se ensina e como se aprende a realidade, enquanto um conjunto de significados que devem ser assimilados e acostumados a estruturas mentais em constante processo de evolução e interação.

As questões abordadas não têm como objetivo esgotar toda uma possibilidade de aprofundamento teórico e prático no que tange à proposta aprendizagem, mas desencadear uma discussão que deverá apontar para novas formas de invenção na pedagogia das escolas.

É preciso urgentemente vincular a realidade das escolas a um potencial de articulação pedagógica que deverá encontrar eco nas capacidades intrínsecas e particulares do aluno, indicando também novas formas de estruturar e organizar o processo educativo.

g) personalidade do professor. A personalidade do professor, seu modo de ser, entusiasmo, simpatia, tolerância, compreensibilidade podem funcionar como fator decisivo na motivação.

Para isto, é preciso que o professor viva as suas aulas e os alunos sintam que ele se dá inteiramente ao seu trabalho e indiretamente a eles. Felizes os alunos que têm professores assim...

---

59. VIGOTSKY, L. S. *Pensamento e linguagem*. São Paulo: Martins Fontes, 1984.

h) realização de experiências reais. Os alunos se impressionam com a realidade muito mais do que com a imitação. O faz de conta, principalmente na adolescência e na idade adulta, é detestado; é preferível o "faz de verdade", que é o único capaz de conferir eficiência.

As atividades extraclasse podem funcionar como ponte entre a escola e as atividades reais da sociedade. As visitas, excursões e todos os contatos diretos com a realidade, bem como o exercício real – "como é lá fora"–, são sempre motivadores.

i) sucesso. O êxito é mais incentivador do que o fracasso. Todos aspiram ao sucesso e com ele se entusiasmam. Um forte motivo quando frustrado pode provocar formas indesejáveis de comportamento. O insucesso ocasional pode provocar uma reação salutar no aluno, porém, quando continuado, acaba por desanimar, inferiorizar, frustrar...

Os trabalhos devem ser planejados em função das possibilidades dos alunos, para que tenham boas probabilidades de sucesso. Os bons resultados devem ser dados a conhecer quanto antes aos alunos, para que funcionem como reforço, segundo a teoria do condicionamento operante.[60]

Não é possível esquecer as diferenças individuais existentes em sala de aula. O professor deve estar sempre disposto a incentivar os seus alunos, quer apresentando ilustrações, criando situações, planejando trabalhos, empenhado-se em atividades individuais ou coletivas, ouvindo-os e animando-os, além de oferecer oportunidades de atividades de preferência do aluno.

As boas relações entre professor e educando é, talvez, uma das melhores técnicas de motivação. Nada mais entusiasma o aluno do que perceber que é visto, distinguido e compreendido pelo seu professor. O bom relacionamento entre ambos cria um clima que facilita os trabalhos escolares e convida o aluno a se empenhar nas tarefas que lhe são confiadas.

60. KELLY, William. *A psicologia educacional*. Rio de Janeiro: Agir, s/d.

Não poderíamos deixar de mencionar Edgar Morin, que nos mostra como a educação atual e a do futuro necessitam de desenvolvimento da compreensão em todos os níveis educativos e em todas as idades.

Em seu livro *Os setes saberes necessários à educação do futuro*, o autor assinala:[61]

1) as cegueiras do conhecimento: o erro e a ilusão.

O conhecimento humano não pode se realizar antes de conhecer a natureza do aluno, suas características cerebrais, mentais, culturais para não cometermos erros ao educar.

2) os princípios do conhecimento pertinente. Existe a necessidade de promover conhecimento que seja global e fundamental, depois entender problemas parciais e locais.

Já na Idade Média, a Filosofia explicava: o homem é um todo, tudo aquilo que age em uma parte tende a modificá-lo no seu todo.

3) ensinar a condição humana.

Já comentamos no parágrafo anterior que o ser humano é um todo, a educação não pode desintegrar essa totalidade humana. Os alunos precisam tomar consciência desse todo que cada um é e se desenvolver como identidade complexa. O ensino deve priorizar a condição humana.

4) ensinar a identidade terrena.

No século XXI tende a crescer conhecimentos da era planetária, mas isso surgiu no século XVI e deveria vir se desenvolvendo para mostrar a solidariedade que deve existir entre os povos.

5) Enfrentar as incertezas.

A educação não pode se preocupar só com as certezas, mas também com as incertezas que as ciências trazem, tanto as ciências físicas como as de evolução biológica e as históricas.

O estudo dos imprevistos, das incertezas dever ser feito, pois é preciso vanguarda nas situações inesperadas.

---

61. MORIN, Edgar. *Os setes saberes necessários à educação do Futuro*. São Paulo: Cortez, 2002.

f) ensinar a compreensão.

A vida necessita de compreensão mútua que contribui para reformar as mentalidades, isso ajudaria a não haver preconceitos e colaboraria para trazer a paz.

6) a ética do gênero humano.

É preciso entender que não se ensina ética por meio de lições morais e sim mostrando ao aluno que ele é um indivíduo da espécie humana que deve participar comunitariamente das ações humanas e entender que a sociedade faz parte da comunidade planetária.

7) ensinar a compreensão.

O ser humano precisa da compreensão, a educação será falha se não houver compreensão mútua entre as pessoas envolvidas com a educação, que vai incluir conhecidos e estranhos.

A incompreensão gera efeitos negativos. Como exemplo, podemos evocar a história na época dos povos clássicos que viveram antes de Cristo, tal como o autor latino Terêncio concluiu: "Sou homem, nada do que é humano me é estranho". Também segundo Kant, filósofo do século XIX: "A finitude geográfica de nossa terra impõe a seus habitantes o princípio de hospitalidade universal que reconhece ao outro o direito de não ser tratado como inimigo".

Concluindo: o papel do professor não é só condicionar novos motivos desejáveis, mas também explorar convenientemente os muitos motivos presentes no aluno, ajudando-o a relacioná-los com objetivos socialmente valiosos.

Capítulo 6

Os estudos das consciências propostas por Gallahue e Ozmun, aplicados às aulas de natação do ponto de vista pedagógico (consciência corporal, espacial, direcional e temporal)

Alberto Bernado Klar
William Urizzi de Lima

Introdução

Durante anos a aprendizagem da natação no mundo e no Brasil foi realizada dentro de um modelo mecanicista e detalhista, que visava mais o plano técnico do que o pedagógico, devido ao fato de a aprendizagem ter sido iniciada e supervisionada pelos técnicos e não por professores. Essa influência ocorreu principalmente pela história da atividade física e, como consequência, a da natação. Segundo Lewin (1978), os primeiros ensinamentos foram extremamente tímidos, visto que só em 1538 foi publicado o primeiro manual de natação, intitulado *Colymbetes*, de autoria do humanista Nicolaus Wynmann, homenageando os gregos que deram o nome aos seus primeiros balneários de Colymbetras, posteriormente denominados de piscinas. Todavia a sua intenção estava mais relacionada com a ideia de evitar o perigo de afogamento do que com a aprendizagem da natação como forma de Educação Física. De 1530 até 1900, o aprendizado da natação seguia o princípio dos movimentos mecanicistas em que os professores dificilmente entravam na água e muitos utilizavam máquinas de aprender a nadar, denominadas tamborete ou cavaletes, carrossel e cabos ligados às cinturas dos alunos.

Com a iniciativa de Pierre de Frédy, pedagogo e historiador francês, tendo ficado para a história como o fundador dos Jogos Olímpicos da era moderna e mais conhecido pelo seu título nobiliárquico de Barão de Coubertin, foi criada em 1896 a primeira Olimpíada da era moderna, tornando a natação não somente com o objetivo de sobrevivência, mas também como competição. Com a realização das grandes guerras mundiais, 1914 a 1918 e 1939 a 1945, foi inevitável o ensino das atividades físicas e, como consequência, a natação, por meio de estratégias mecanicistas, orientadas pelos técnicos e não professores.

No Brasil, durante os anos sessenta, quando foram implantados nos clubes associativos, os cursos de aprendizagem da natação com o objetivo de formar novos nadadores eram coordenados e supervisionados por técnicos, que transmitiam aos seus professores noções das técnicas dos nados competitivos com a duração de trinta dias ou oito aulas de sessenta minutos, nos quais os professores tinham de fazer com que os alunos caracterizassem a técnica dos nados.

Como normalmente os alunos demonstravam dificuldades em assimilar as informações, pela velocidade e especificidade, muitos não assimilavam os exercícios e se desinteressavam pela prática da natação. A causa principal da especificação da aprendizagem da natação é sua origem, pois primeiros os orientadores foram os técnicos e, posteriormente, os professores – na maioria ex-nadadores –, e, atualmente professores formados, influenciados pelos pedagogos e especialistas de outras áreas.

Atualmente encontramos uma situação bem diferente, na qual temos o ensino da natação utilizando estratégias mais pedagógicas e didáticas em que procuramos desenvolver atividades lúdicas educativas, ou seja, temos a intenção de ensinar por meio de brincadeiras nos apoiando em teorias e estudos de diversos autores, porém ainda realizando adaptações de outras atividades físicas realizadas de fora para dentro da água. Encontraremos muitas adaptações de estudiosos que relatam as experiências vividas nos exercícios fora da água e que adaptamos à realidade da natação.

Proposta de modelo educacional do desenvolvimento dos níveis da natação e as nomenclaturas pedagógicas da escola

A atividade aquática escolar consiste na relação entre as séries do ensino, com base na Lei 9.394/96 – Darcy Ribeiro – Lei das Diretrizes e Bases da Educação – LDB, relacionando as idades, estratégias e procedimentos do desenvolvimento motor no meio aquático por meio da estimulação e experiências perceptivo-motoras.

A aprendizagem da natação está diretamente relacionada ao conceito de escola, devendo ser dividida em níveis, como os escolares, para melhor organização, planificação e otimização da piscina. Em uma mesma piscina podemos ter vários espaços pedagógicos com diferentes professores assemelhando-se às classes escolares.

a) Educação Infantil

Maternal 1, 2 e 3 – Adaptação ao meio líquido, ambiente e sobrevivência aquática.

Pré-escolar – Adaptação ao meio líquido, ambiente e sobrevivência aquática.

b) Ensino Fundamental I

1° Ano – Adaptação e sobrevivência – 1° semestre
Iniciação – 2° semestre

2° Ano – Iniciação – 1° semestre
Aperfeiçoamento – 2° semestre

3° Ano – Aperfeiçoamento – 1° e 2° semestre

4° Ano – Pré-equipe – 1° e 2° semestre

5° Ano – Pré-equipe – 1° e 2° semestre

c) Ensino Fundamental II
6° Ano – Equipe ou Condicionamento
7° Ano – Equipe ou Condicionamento
8° Ano – Equipe, condicionamento ou esportes aquáticos
9º Ano – Equipe, condicionamento ou esportes aquáticos

d) Ensino Médio
1° Ano – Equipe, condicionamento ou esportes aquáticos
2° Ano – Equipe, condicionamento ou esportes aquáticos
3° Ano – Equipe, condicionamento ou esportes aquáticos

Conceitos e fundamentos

Psicomotricidade

É a relação entre o psico e o mental, intelectual (pensar), emocional (desejar) e a motricidade e o movimento, gesto (fazer).[62]

É a ciência da educação, pois é a realização do pensamento por meio do ato motor preciso, econômico e harmonioso.[63]

É pela motricidade e pela visão que a criança descobre o mundo dos objetos, mundo dos outros e o seu próprio mundo. Descobre o mundo se autodescobrindo.

É a ciência que tem como objeto de estudo o homem através do seu corpo em movimento e em relação ao seu mundo interno e externo, bem como suas possibilidades de perceber, atuar, agir com o outro, com os objetos e consigo mesmo. Está relacionada ao processo de maturação em que o corpo é a origem das aquisições cognitivas, afetivas e orgânicas (SBP, 1999).

Torna-se impossível falarmos sobre a aprendizagem da natação sem a relacionarmos com a psicomotricidade.

---

62. MADORMO, S. R. Bebês. In: VELASCO, C. G. *Natação segundo a psicomotricidade*. 2. ed. Rio de Janeiro: Sprint, 1994.
63. AJURIAGUERRA, J. *Manual de psiquiatria infantil*. Rio de Janeiro: Masson do Brasil, 1980.

Estímulos psicomotores aquáticos:

- desenvolver de forma lúdica e harmônica suas habilidades motoras;
- exercitar seu equilíbrio, vivenciando diversas posições aquáticas;
- desenvolver noção espacial e lateralidade através de saltos, mergulhos e giros;
- vivenciar diferentes sinais verbais e gestuais;.
- despertar e sentir sensações diversas através do movimento.

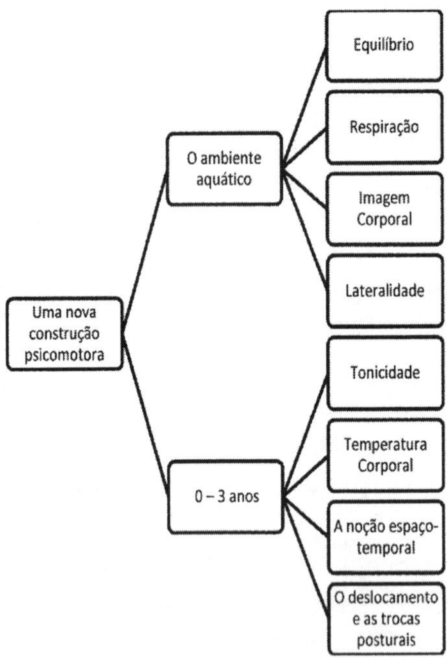

De acordo com Gallahue e Ozmun (2005), as crianças frequentemente atrasam seu aprendizado perceptivo-motor por causa de restrições ambientais. Portanto, deve-se apresentar um ambiente criativo e educativo adequado para as aulas. De acordo com a proposta da autora Marly Santos

Mutschele (1985), a aprendizagem é um processo inteligente e seletivo, não consiste em um encadeamento de reflexões ou em uma reação cega e inconsciente a estímulos esternos, mas é uma atividade que implica sempre uma compreensão da situação, fato esse que coincide com a proposta de Gallahue e Ozmun da apresentação de um ambiente criativo e educativo, exigindo do aluno a compreensão da tarefa proposta através ambiente lúdico educativo, onde a ideia é aprender por meio da brincadeira, ou seja, o professor tem intenção de ensinar por meio da brincadeira, e não somente a brincadeira pelo simples prazer do brincar, sem a relação com o objetivo de aprender.

Adaptação dos fatores associados aos componentes perceptivo-motores a natação, Métodos Gallahue e Ozmun (adaptado por Lima e Klar)

Antes da caracterização do gesto mecânico especializado, por exemplo, aprender a técnica dos movimentos da braçada do nado *crawl*, é importante estimularmos exercícios que desenvolvam as consciências que são pré-determinantes do gesto mecânico e aumentam o repertório perceptivo-motor do aluno facilitando o aprendizado de novas técnicas.

Consciências	Características	Natação	Exercícios
Corporal	Conhecimento das partes do corpo.	Conhecer as partes do corpo na água.	Cantar a música *Cabeça, ombros, joelhos e pés*.
Espacial	Espaço geral.	Conhecer o espaço do corpo na água, profundidade, tamanho da piscina, "empuxo" e resistência da água.	Deslocar-se na água em grupos, com as mãos dadas, variando a profundidade sempre com os pés no fundo da piscina e a água no máximo até a altura do peito.

Direcional	Lateralidade – direcionalidade.	Movimentos alternados das pernas. Empurrar a água com os pés para trás e para baixo.	Mesmo exercício da espacial enfatizando as direções, frente, lateral e para trás.
Temporal	Sincronização – sequência – ritmo.	Sincronização: coordenar os movimentos de braços, pernas e respiração.	Repetir uma frase longa dita pelo professor com a cabeça fora da água e tentar falar a mesma frase com a cabeça submersa.

Segundo Gallahue e Ozmun, citado por Lima e Klar, o desenvolvimento da aptidão motora ocorre por meio das atividades perceptivo-motoras. Reconhecem que as atividades perceptivo-motoras influenciam de modo básico a aptidão geral das crianças para o aprendizado. Também afirmam que as crianças frequentemente se atrasam em seu aprendizado perceptivo-motor por causa de restrições ambientais.

Percepção significa conhecer ou interpretar informações. Todo movimento voluntário – colocar o rosto na água, por exemplo – envolve um elemento de consciência perceptiva que resulta de algum tipo de estímulo sensorial. O desenvolvimento das habilidades perceptivas de um indivíduo, como realizar os movimentos das pernas na água nas diferentes posições, depende em parte da atividade motora. Se as percepções forem exatas e mescladas em sequência coordenada, o aluno aprende o exercício proposto. É exatamente essa a ideia: aulas e exercícios sequenciais.

O desenvolvimento das habilidades perceptivas de um indivíduo depende, em parte, da atividade motora

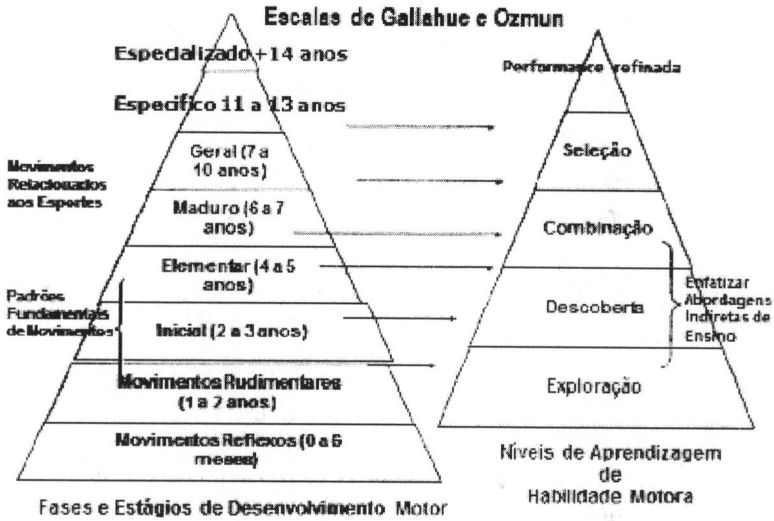

Podemos adaptar essas tabelas ao aprendizado e aperfeiçoamento da natação e adequá-las à proposta do modelo educacional do desenvolvimento dos níveis da natação e às nomenclaturas pedagógicas da escola, relacionando as idades e os níveis de aprendizagem motora.

Fases da aprendizagem da natação – Gallahue e Ozmun (adaptado por Lima e Klar)

a) Inicial (2 a 3 anos): descoberta – flutuação na posição ventral ou dorsal – deslocamentos através das pernas e braços alternados – respiração "cachorrinho" – sobrevivência aquática.

b) Elementar (4 a 5 anos): descoberta e combinação – flutuação na posição ventral ou dorsal – flutuação e deslocamentos através das pernas e braços alternados – respiração lateral – sobrevivência aquática.

c) Maduro (6 a 7 anos): combinação – flutuação na posição ventral ou dorsal – movimentos das pernas e braços alternados – respiração lateral, enfatizando o rolamento dos ombros – as pernas sustentam e equilibram a ação dos ombros – a trajetória da braçada é sinuosa e reta em alguns pontos – durante a saída de borda, os braços estendidos protegem a cabeça e diminuem a resistência frontal.

d) Geral (7 a 10 anos): seleção – melhora da técnica dos gestos mecânicos dos nados competitivos: *crawl*, costas, peito e borboleta.

e) Específico (11 a 13 anos): seleção e desempenho refinado – melhora da técnica dos gestos mecânicos dos nados competitivos: *crawl*, costas, peito e borboleta. Desenvolvimento dos conceitos do treinamento e desempenho como atleta ou condicionamento com o objetivo de saúde e qualidade de vida.

f) Especializado (+14 anos): performance ou desempenho refinado – melhora da técnica dos gestos mecânicos dos nados competitivos: *crawl*, costas, peito e borboleta. Desenvolvimento dos conceitos do treinamento e desempenho como atleta ou condicionamento com o objetivo de saúde e qualidade de vida.

Propostas para o ensino da natação através da estratégia lúdica-educativa

1) Exercícios livres para aproximar e alcançar o objetivo proposto.

a) Experimentação livre

O aluno realiza o exercício de maneira livre. Exemplo [o professor orienta]: "Vamos atravessar de uma plataforma a outra sem colocar os pés no fundo". O aluno realiza o movimento de pernas que desejar.

b) Orientação parcial

O professor orienta parcialmente os movimentos. Exemplo: "Vamos atravessar de uma plataforma a outra sem colocar os pés no fundo, na posição ventral, com movimentos alternados de pernas". É fundamental, nessa fase, o professor gesticular ou imitar o movimento para evidenciar o comando verbal dado.

c) Orientação dirigida

O professor orienta integralmente os movimentos. Exemplo: "Vamos atravessar de uma plataforma a outra sem colocar os pés no fundo, na posição de frente, com os movimentos alternados de pernas do nado *crawl*".

2. Aulas historiadas com músicas e painéis com o objetivo de ensinar a sequência pedagógica da aprendizagem do nado crawl.

O que define o brincar é a situação imaginária criada pela criança. Além disso, devemos levar em conta que brincar preenche necessidades que mudam de acordo com a idade (VIGOTSKI, 2003).[64]

"No sonho, na fantasia, na brincadeira de faz de conta, os desejos que pareciam irrealizáveis podem ser realizados" (BOMTEMPO, 1997).[65]

Cultura Lúdica: pode ser entendida como um conjunto de procedimentos, regras e significações próprios do jogo, que o jogador adquire e domina no contexto do mesmo. (BROUGÉRE, 2011).[66] O professor deve conhecer a cultura lúdica de seus alunos, pois, somente assim, poderá interagir com eles.

64. VYGOTSKY, L. S. *A formação social da mente*. Martins Fontes, 2003.
65. BOMTEMPO, E. A brincadeira do faz de conta: lugar do simbolismo, da representação, do imaginário. Bomtempo, In: KISHIMOTO, T. M. (Org.). *Jogo, brinquedo, brincadeira e a educação*. 2. ed. São Paulo: Cortez, 1997.
66. BROUGÈRE, G. A criança e a cultura lúdica. In: KISHIMOTO, T. M. (Org.). *O brincar e suas teorias*. 6. ed. São Paulo: Cengage Learning, 2011.

Aulas temáticas

Tema: A viagem fantástica e maravilhosa em busca do tesouro perdido na ilha do Pirata da Perna de Pau com o olho de vidro e um papagaio sentado no seu ombro direito.

Idade: 4 a 6 anos

Fase da aprendizagem	Objetivos pedagógicos	Local adequado ao tema
1	Adaptar ao meio líquido	Porto dos milagres
2	Respiração geral	Ilha do oxigênio
3	Flutuar	Ilha da flutatuação
4	Movimentar as pernas	Ilha do propulgão
5	Movimentar os braços	Ilha dos tentáculos
6	Coordenar os braços e pernas	Ilha dos propultáculos
7	Respirar lateral	Ilha do oxigênio lateral
8	Nadar *crawl* completo	Ilha do tesouro perdido

Tema: Viagem espacial.

Conteúdo de uma aula normal	Conteúdo de uma aula temática
200 nadando *crawl*	Viagem ao planeta x*
100 perna (25 *crawl*, 25 costas)	Explorar o planeta x com computador (prancha)
300 nadando (25 forte, 25 fraco)	Quando o capitão der o aviso de “perigo”, todos devem fugir
100 perna (25 *crawl*, 25 peito)	Continuar explorando
200 braço *crawl*	Voar com os foguetes (flutuadores)
200 nadando optativo	Voltar a Terra

* Planeta x: os alunos devem criar um nome.

Tema: Viajem fantástica ao mundo maravilhoso do Bob Esponja.

Objetivos	Fantasia	Aulas	Semanas
Adaptação ao meio líquido	Saída do porto do Bob Esponja	1ª a 4ª	1ª a 2ª
Respiração geral	Chegada e passeio à ilha do Patrick	5ª a 8ª	3ª a 4ª
Flutuação	Chegada e passeio na ilha do Lula Molusco	8ª a 16ª	5ª a 8ª

Músicas

Música: *Peixinho vermelho*
Objetivo: adaptação ao meio líquido
Idade: 2 a 4 anos

Comprei um peixinho
Lindo e vermelhinho.
Comprei um aquário
Para ele morar.
O peixinho nada,
Nada depressinha,
Eu não sou peixinho,
Mas eu sei nadar!!!

Música: *Tubarão e sua amiga a tartaruga*
Objetivo: adaptação ao meio líquido e respiração
Idade: 2 a 4 anos

Fui nadar numa piscina, na, na,
Infestada de tubarão, rão, rão,
Saiu de lá, lá, lá,
Uma tartaruga, ga, ga,
Olhou pra mim, olhou pra mim,
E fez assim: Buuuuuu!!!!!

Avaliações

É por meio das avaliações que se consegue monitorar a evolução e a frequência do aluno, acompanhando a qualidade das aulas e prestando contas aos pais das atividades realizadas pelo filho. Outro ponto importante é a otimização e controle das vagas nos espaços pedagógicos. A avaliação não tem o único objetivo de o aluno passar de nível, mas também de demonstrar a evolução pedagógica das tarefas planejadas. Um bom período seria de dois ou três meses. Apesar de definidos os períodos para as avaliações, o professor deve tornar a avaliação um processo contínuo em suas aulas, corrigindo e orientando os alunos sempre que necessário.

Podemos controlar as avaliações com fichas contendo os exercícios realizados nas aulas e que constam do planejamento semanal das atividades.

Modelo de ficha de avaliação da Metodologia Gustavo Borges de Natação Formativa[67]

FICHA DO PROFESSOR – ADAPTAÇÃO

1) Mergulho simples da plataforma

a. Submerge a cabeça prendendo a respiração.

b. Submerge a cabeça mantendo os olhos abertos e bloqueando a respiração.

c. Mergulha todo o corpo encostando no fundo da piscina ou superfície da plataforma.

d. Salta da plataforma com auxílio e mergulha.

e. Salta da plataforma sem auxílio e mergulha.

2) Deslize seguido de flutuação ventral variando posição grupada e estendida (estrelinha)

a. Flutua na posição ventral com auxílio.

---

67. Desenvolvida por Willian Urizz Lima e colaboradores. 7° Manual Pedagógico MGB, 2013.

b. Flutua na posição ventral sem auxílio.
c. Desliza e permanece na flutuação ventral.
d. Flutua na posição grupada (tartaruga).
e. Desliza, flutua em decúbito ventral (estrelinha).
f. Grupa o corpo na posição de tartaruga.

3) Propulsão de pernas com auxílio de flutuador (prancha) respirando sem interrupções

a. Impulsão da borda seguida de posição horizontal do corpo.
b. Movimentação alternada de pernas na posição ventral.
c. Movimentação alternada de pernas na posição dorsal.
d. Movimentação simultânea abre e fecha de pernas e movimentação simultânea ondulatória de pernas.

4) Flutuação dorsal seguida de giro ventral e movimentação de br e pr em direção à borda/plataforma

a. Realiza a impulsão da borda com os dois pés na posição dorsal com auxílio.
b. Após a impulsão, desliza de costas sem auxílio.
c. Permanece na flutuação dorsal antes de executar o giro.
d. Após a flutuação dorsal, executa o giro ventral em direção ao professor.
e. Realiza o giro ventral seguido de movimentação de pernas em direção à borda.

5) Propulsão de braços e pernas alternados na posição ventral

a. Mantém o corpo na horizontal.
b. Mantém o rosto na água.
c. Rotação alternada de braços.
d. Movimentação alternada de pernas e movimento contínuo.
e. Coordena os movimentos alternados de braços e pernas.

6) Propulsão de braços e pernas alternados na posição dorsal

a. Mantém o corpo na horizontal.

b. Cabeça relaxada e alinhada com o pescoço.

c. Rotação alternada de braços.

d. Movimentação alternada de pernas e movimento contínuo.

e. Coordena os movimentos alternados de braços e pernas.

7) Nado de sobrevivência (cachorrinho) em direção à barra/borda

a. Salta da plataforma.

b. Inicia a movimentação sem auxílio.

c. Movimentação alternada de pernas e braços com sustentação.

d. Movimentação alternada de pernas e braços com propulsão.

e. Desloca-se até a barra/borda se sustentando sem auxílio.

8) Nado submerso

a. Realiza a impulsão submersa da borda.

b. Desliza submerso em posição de flecha.

c. Movimenta os braços simultaneamente para se deslocar.

d. Mantém a movimentação de pernas constante durante o deslocamento.

e. Desloca-se submerso durante todo o movimento.

9) Salto ajoelhado de ponta

a. Pé preso à borda e apoio no joelho contrário.

b. Cabeça posicionada entre os braços em posição de flecha.

c. Realiza a impulsão com uma das pernas e a outra acompanha o movimento de entrada na água.

d. As mãos entram primeiro na água.

e. Salta e desliza em posição de flecha.

10) Cambalhotas
a. Solta o ar pelo nariz.
b. Mantém a posição grupada durante toda a cambalhota.
c. Mantém o eixo durante o giro.
d. Executa a cambalhota para frente e retorna à posição.
e. Executa a cambalhota para trás e retorna à posição.

A cada exercício é avaliado se o aluno o executa ou não. Em caso afirmativo, obtém um ponto. Somando-se os pontos dos 10 itens a serem avaliados com os 5 subitens, temos um valor de 50 pontos. Caso o aluno consiga 75% dos pontos(38 pontos), passará para outro nível.

Cada item possui a classificação:

1 ponto = Regular
2 pontos= Bom
3 pontos= Muito Bom
4 pontos= Ótimo
5 pontos= Excelente

Caso o aluno não execute nenhum subitem, o professor deverá explicar os motivos, tais como: recém entrou no nível e não realizou a aula ou problemas de frequência.

Capítulo 7

A avaliação escolar: características

Para melhor orientar a aprendizagem do aluno, o professor deve constantemente preocupar-se com a avaliação do educando.[68]

Logo após um período de ensino, deve-se iniciar a avaliação, assim podemos constatar o que efetivamente foi realizado; se o aluno realmente aprendeu; se os objetivos propostos foram alcançados e de que forma foram.

Alunos e professor devem fazer uma reflexão sobre a qualidade do trabalho escolar tanto do professor como dos alunos.

Segundo Luckesi (1986), a avaliação é uma apreciação qualitativa sobre dados relevantes do processo ensino--aprendizagem que auxilia o professor a tomar decisões sobre seu trabalho.

Pode-se dizer que a avaliação possui três funções:

1) pedagógico-didática: uma forma de detectar se a avaliação alcançou os objetivos gerais e específicos propostos.

2) função de diagnóstico: observação dos progressos e dificuldades dos alunos e professores, ou seja, dos resultados da aprendizagem.

3) função de controle: analisa os meios e a frequência das verificações, permitindo o diagnóstico das situações didáticas.

Os objetivos da avaliação escolar são:

---

68. LUCKESI, Cipriano. Avaliação educacional escolar: para além do autoritarismo. *Ande*, São Paulo, n. 10, p. 41-51; n. 11, p. 47-49, 1986.

- possibilitar a reflexão sobre conteúdos, métodos, técnicas;
- analisar a atividade dos alunos;
- ajudar o professor no desenvolvimento das capacidades e habilidades da classe;
- refletir sobre as expectativas do professor em relação aos seus alunos.

Pode-se dizer que a avaliação escolar tem algumas tarefas, entre elas:

a) verificação: coleta de dados do aproveitamento dos alunos por meio de provas, exercícios, pesquisas etc.

b) qualificação: comprovação dos resultados alcançados. O professor, após analisar os trabalhos dos alunos, atribui conceitos e notas.

c) apreciação qualitativa: principal função das avaliações. Compreende a avaliação propriamente dita dos resultados, referindo-se a padrões de desempenho.

A avaliação da aprendizagem é um processo que compreende a avaliação propriamente dita, que consiste na constatação do que foi obtido após um período de ensino-aprendizagem.

Ela pode sugerir duas atitudes bem definidas: uma em relação ao ensino fundamental e outra em relação ao ensino médio e superior.

A avaliação no ensino fundamental deve ser mais compreensiva, isto é, deve efetivar-se com a intenção de dar-se por satisfeito, sejam quais forem os resultados, desde que o educando tenha produzido o mais que possa, em função de suas reais possibilidades.

A avaliação do ensino médio e superior deve estabelecer, objetiva e realisticamente, padrões mínimos de conhecimento, desempenho e formação quanto ao término do curso, porque os educandos formados nesse nível de ensino terão responsabilidades sociais definidas de acordo com as atividades profissionais que irão exercer.[69]

A avaliação escolar deve ser contínua em todos os níveis para que se efetive constantemente: ensino, verificação, avaliação e retificação.

O educando, quanto ao seu desempenho, pode ser analisado: individualmente ou em grupo.

Devemos usar vários instrumentos para verificar o rendimento escolar.

Provas

É preciso dar o máximo de atenção aos alunos do curso fundamental e médio, pois são os que mais sofrem com o impacto da reprovação.

É recomendável que nos primeiros anos de cada curso haja maior cuidado didático-pedagógico para ensinar o aluno a estudar facilitando a adaptação ao novo ambiente escolar.

É primordial ter paciência e espírito educador a fim de compreender as necessidades do educando e suas naturais dificuldades para melhor ajustá-lo à escola. O professor não deve dar tanta ênfase ao programa, mas proporcionar o essencial ao aluno: ensinar a estudar e orientar para a superação de possíveis desajustamentos.

Cuidado especial é preciso para com os alunos que se atrasam nos estudos, seja por doença, falta às aulas etc. É dever do professor orientar os alunos para a recuperação, porque se forem deixados de lado, cada vez mais se atrasarão e poderão ser reprovados.

Vejamos os tipos de provas:

---

69. CARDINE, J. *Pour apprécier le travail des élèves*. Neuchâtel: IRDP, 1984. p. 10.

a) provas orais: transcorrem na base do diálogo entre professor e aluno.[70] O professor solicita ao aluno que fale sobre um assunto.

A avaliação oral realiza-se mais apropriadamente pelo interrogatório, que se bem utilizado é um excelente instrumento de avaliação.

O professor pode ainda fazer o sorteio do assunto e deixar que o aluno fale livremente sobre ele, interrogando-o durante a exposição.

Algumas sugestões para organizar uma boa prova oral:

1) deixar o aluno à vontade;

2) apresentar a questão e dar tempo para o aluno organizar o pensamento;

3) entabular uma conversa amigável com o aluno antes da prova;

4) animar o aluno a prosseguir em caso de resposta incorreta;

5) elaborar perguntas claras e precisas sobre o essencial do assunto;

6) fazer um número igual de questões para todos os alunos.

b) provas escritas: são provas que podem constar de dissertação ou de questões objetivas.

Dissertação: uma prova não deve constar só de uma dissertação, e sim dela e mais questões.

Na dissertação não se deve exigir que o aluno repita tudo o que o professor disse ou tudo que está no livro, e sim dar oportunidade de o aluno se expressar com mais desembaraço, expor um assunto coordenando-o e argumentando-o.

No caso da correção, o professor precisa avaliar a profundidade do tema, as qualidades da produção, conhecimentos gramaticais e de sintaxe, fluência e coerência pelas ideias.

---

70. ABRECHT, R. *L' evaluation formative, une analyse critique*. Bruxelles: De Boeck, 1991.

Recomenda-se que ao propor uma dissertação, o professor tome algumas precauções, como:

1) determinar o objetivo da produção;[71]
2) não indicar um tema demasiadamente intenso;
3) caso a prova tenha mais de uma questão, corrigir a primeira de todos os alunos, depois a segunda e assim por diante, para manter a mesma forma de exigências com todos os alunos.
4) fazer recomendações, como:
- primeiro compreender a questão, depois respondê-la;
- escrever de forma legível e compreensível;
- antes de escrever, fazer um plano de trabalho para depois desenvolvê-lo;
- ao terminar a prova, ler antes de entregá-la.

Os principais tipos de provas objetivas são também chamadas de testes, do inglês "*test*", que quer dizer prova:[72]

1. teste falso e verdadeiro: consiste em assinalar se perguntas são falsas ou verdadeiras. Ser usadas as duplas: Falso–Verdadeiro; Sim–Não; Certo–Errado.

Exemplo: 13 de maio é a data da Abolição da Escravatura.
Falso – Verdadeiro

2. teste de múltipla escolha: apresenta-se uma sentença inacabada e abaixo uma série de expressões que a completa.

Exemplo:
A cidade de Piracicaba está localizada em:
a) São Paulo.
b) Goiás.
c) Minas Gerais.
d) Pernambuco.

71. MEDEIRO, E. B. *Provas objetivas*. Rio de Janeiro: Fundação Getulio Vargas, 1974.
72. ESTEVE, O. P. *Testes, medidas e avaliação*. Rio de Janeiro: Artes e Indústria, 1972.

3. teste de lacunas: consiste em sentenças que o aluno deve preencher/completar para que o todo tenha sentido.

Exemplo:

O Brasil foi descoberto por _______ no ano ______.

4. teste de enumeração: consiste em solicitar uma série de conceitos ou elementos.

Exemplo:

Enumere os três nomes importantes que o Brasil recebeu ao ser descoberto:

1__________
2__________
3__________

5. teste de correspondência: consta de duas colunas. A primeira,[73] numerada, contém os conceitos, nomes ou símbolos; a segunda, iniciada com parênteses, contém as respostas ou identificações fora de ordem que se relacionam à primeira coluna. Esses parênteses são completados com os números correspondentes da primeira coluna.

Exemplo:

Associe as colunas, colocando dentro dos parênteses o número correspondente ao autor:

1. Pedro Álvares Cabra	( ) Rei de Portugal.
2. D. Pedro	( ) Líder da Inconfidência.
3. D. Manuel	( ) Proclamação da República.
4. Tiradentes	( ) Descobrimento do Brasil.
5. Marechal Deodoro	( ) Abolição da escravatura.
6. Princesa Isabel	( ) Proclamação da Independência.

6. teste de identificação: consiste em solicitar ao aluno que reconheça as amostras apresentadas.

Exemplo:

Sublinhe os termos maior, menor e médio no silogismo.

73. ABERNOT. *Les méthodes d' evaluation scolaire*. Paris: Bordas, 1988.

O homem é mortal.
João é homem.
Portanto João é mortal.

7. teste de resposta simples: consiste em pergunta que admite apenas uma resposta livre.

Exemplo
Quem assinou a Lei Áurea?

8. teste de ordenação: consiste em colicitar uma ordenação de elementos, seguindo determinados critérios.

Exemplo:
Ordene cronologicamente os educadores a seguir:
a) Paulo Freire
b) Rousseau
c) Maria Montessori
d) Santo Agostinho
e) Padre José de Anchieta

9. teste de sinônimo e antônimo:[74] consiste em apontar uma dupla de palavras com o mesmo sentido ou com sentido oposto.

Exemplo:
Observe as duplas de palavras e determine se formam sinônimos ou antônimos.
Branco/Preto
Grande/Pequeno
Bonito/Belo
Bondoso/Bom

10. teste de julgamento: solicita-se uma resposta e uma breve justificativa.

---

74. BERGER, G. *Du controle des appréntissages à l'evaluation des pratiques et des institutions educatives*. Rencontres d' Automme. Academie de Nancy, Mets, 1986.

Exemplo:

A primavera é bela porque é a época das flores?

Sim – Não. Por quê?

11. teste de afirmações: consiste em apresentar afirmações certas, erradas ou certas e erradas para serem identificadas.[75]

Exemplo:

O Brasil foi descoberto em 1510.

Pedro Álvares Cabral comandava os navios Santa Maria, Pinta, Nina.

Descoberto o Brasil, Cabral voltou imediatamente para Portugal.

A posse das novas terras contrariava o tratado de Tordesilhas.

Respostas:

1. errado – certo – errado – errado.
2. errado – errado – errado – certo.
3. certo – errado – errado – certo.
4. certo – certo – errado – certo.

12. teste da melhor razão: consiste em apresentar uma proposição e, na sequência, uma série de razões que a justifiquem, devendo o aluno escolher a que lhe pareça mais correta.[76]

Exemplo:

D. Pedro ficou conhecido como o proclamador da Independência porque:

a) amava muito o Brasil.

b) não estava satisfeito com a situação.

c) tornou-se muito querido dos brasileiros.

d) defendia sempre o Brasil.

e) era muito corajoso.

---

75. NOLL, V. *Introdução às medidas educacionais*. São Paulo: Pioneira, 1965

76. BRADFIELD, J. M.; MOREDOCK, H. S. *Medidas e testes em educação*. Rio de Janeiro: Fundo de Cultura, 1974

13. teste de eliminação: consiste em indicar um elemento que não tenha afinidade com um grupo de outros elementos.

Exemplo:

flor

animal

pás

canteiros

terra

adubo

14. teste de analogia: consiste em apresentar uma dupla de ideias correlatas. Apresenta-se a primeira ideia e solicita-se que corresponda, em analogia, a segunda ideia com a primeira.

Exemplo:

a) Verão está para.... assim como inverno esta para....

b) O verbo representa a ação, assim como o sujeito representa o ser que pratica a ação.

15. teste-problema: consiste em apresentar uma situação problemática na qual, conhecidos alguns dados, pede-se outro, ou outros, que deve ser encontrado com a aplicação do raciocínio.

Exemplo:

Uma classe de 40 alunos realiza uma atividade em 30 dias. Meia classe demorará quantos dias para realizar essa mesma atividade?[77]

16. teste-exercício: consiste em propor questões de realização imediata, específica, para verificar mais aprendizagem do que automatização.

Exemplo:

Resolva os exercícios:

40+30+8=

5,48x3,5=

0,15:2=

---

77. VIANNA, H. *Testes em educação*. São Paulo: Ilurasa, 1973.

17. teste de evocação simples ou de "resposta curta": consiste em pergunta direta que pode ser respondida por uma palavra, um sinal ou uma frase.

Exemplo:

Em que dia comemoremos o descobrimento da América?

18. teste de associação: consiste em apresentar uma série de palavras ou frases-chave, solicitando uma associação significativa.

Exemplo:

1. 13 de maio ______
2. 21 de abril ______
3. D. João VI ______

19. teste de identificação:[78] consiste em, com base em gráficos ou fotografias, proceder a identificação de suas partes.

Exemplo:

Escreva nas linhas correspondentes os nomes das capitais.

São Paulo ______
Rio Grande do Sul ______
Rio Grande do Norte ______
Amazonas ______
Santa Catarina ______

20. teste misto: consiste na combinação de dois ou mais tipos de testes que permitem uma apreciação mais apurada da questão proposta.

Exemplo:

Defina de forma concisa as figuras indicadas e representeas graficamente na parte indicada.[79]

---

78. CLAPAREDE, E. *Psicologia da criança e pedagogia experimental*. Rio de Janeiro: Livraria Francisco Alves, 1937.

79. MUTSCHELE, Marly Santos. *Como desenvolver a psicomotricidade*. São Paulo: Loyola, 1988.

Definição gráfica

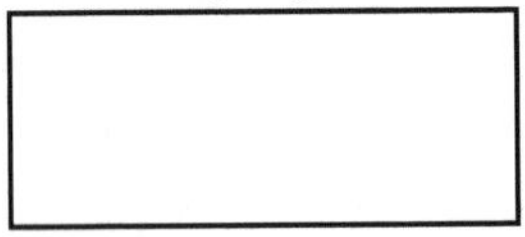

a) Losango
b) Retângulo
c) Hexágono

21. teste de interpretação: consiste em apresentar um texto escrito, fazendo-se a seguir perguntas a respeito do mesmo ou apresentando uma série de afirmações que o aluno tem que assinalar as que julgar corretas.

Exemplo:

a) Primeira versão: com base em perguntas.

Interprete a seguinte afirmação: Armando, um jogador de tênis, machucou-se durante uma partida.

1. Como se chamava o personagem que estamos falando?
2. Que esporte ele praticava?
3. O que aconteceu durante a partida?

b) segunda versão: com base em afirmações.

Quem estuda, vence.

1. O professor deve orientar seus alunos.
2. O aluno não pode ser mal orientado pelos pais.
3. Qualquer pessoa pode ser professor.[80]

22. teste de equivalência: consiste em especificar uma atividade ou caracterizar um fato, solicitando que se expresse a sua terminologia técnica adequadamente

Exemplo:

Escreva na frase abaixo as expressões científicas adequadas.

1. Micróbios produzem..........
2. Verduras, frutas e legumes são alimentos..........
3. O ar é indispensável para..........

80. ENRICONE, Delcia et alii. *Ensino: revisão crítica*. Porto Alegre: Sagra, 1988.

23. teste de cancelamento: consiste em solicitar que seja determinado elemento ou elementos de uma série que não correspondam às condições propostas. Essas condições devem ser claramente expressas, caso contrário se tornaria uma questão de nível mental e não propriamente pedagógica.

Exemplo:

Na série abaixo temos belas flores, indique a que não é.

1. Rosas
2. Cravos
3. Lírios
4. Margaridas
5. Cachorro

Há ainda outros tipos:

1. prova com consulta: é preciso que o professor tenha como objetivo a associação, a correlação, a transferência, a dedução ou a indução de conhecimentos. Nesse caso, verifica-se a dinâmica dos conhecimentos.

Exemplo:

Com base nos conceitos, A, B, C e D, de uma escola, indique a média desejada.

2. prova em grupo: nesses casos os grupos devem ser pequenos. Esse tipo de prova pode ser:

a) sem consulta, podendo haver trocas de ideias entre os componentes do grupo para sua realização.

b) prova com consulta, podendo utilizar livros, desde que as questões tenham maiores dificuldades em sua execução.

É necessário sempre ter em mente que a avaliação é uma apreciação qualitativa sobre a situação ensino-aprendizagem e que possibilita aos professores decisões de como agir nesse trabalho árduo.[81]

---

81. ABDALLA. M. F. B. *Formação e desenvolvimento profissional do professor*: o aprender a profissão. Tese (Doutorado), Faculdade de Educação da Universidade de São Paulo, São Paulo, 2000.

Capítulo 8

Sugestões didáticas: conclusão

Não temos a pretensão de apresentar modelos a serem seguidos, projetos acabados ou ainda impor este ou aquele método e material didático.

Como vivemos diariamente a realidade educacional, este livro traz o resultado dessas vivências como uma contribuição de mais opções para o fazer pedagógico.

Para tornar o trabalho intelectual mais espontâneo e seguro, podemos usar o desenho, a música, os trabalhos manuais, os jogos, os esportes, o teatro e, valendo-se da transdisciplinaridade – que dará oportunidade de encontro entre os profissionais da educação que buscam os mesmos objetivos – utilizar materiais específicos e refletir sobre a conciliação entre teoria e prática, visando a aprendizagem com qualidade.

Propomos o uso de materiais simples, como papel, madeira, cola, lápis de cor, algodão, guache, régua, tesouras, filmes etc. para que o aluno, por meio de sua percepção mais imediata, sonde seus atributos e construa algo que ajude em sua aprendizagem.

Como pretendemos uma educação integral, não podemos deixar de incluir no rol dos ensinamentos da escola um grande número de disciplinas bem-estruturadas.

Já comentamos a importância da Filosofia como ciência dos porquês, ou seja, das causas primeiras, das razões últimas dos seres. Devemos sempre nos perguntar:

- Por que é necessário uma metodologia de ensino?
- Qual a razão de ensinar os alunos?

- O que está em primeiro lugar no esquema: professor – ensino – alunos – métodos?[82]

Podemos responder por partes: o aluno está em primeiro lugar no processo ensino-aprendizagem, é o centro em torno do qual devem girar o ensino e os métodos escolhidos pelo professor.

A metodologia do ensino é imprescindível, pois para aprender é necessária uma atividade orientadora, uma lógica interna. Ensinamos a criança porque ela é um ser em formação. Por si só fará descobertas que deverão ser orientadas pelo adulto.

O ensino visa à descoberta das possibilidades, habilidades, tendências, graus de compreensão, assim como os limites do educando, para situá-lo em uma realidade socioeducacional e torná-lo apto a resolver seus problemas.

Para atingir a sua finalidade, a educação tem que abranger o homem completo na plenitude de sua vida – "educação é vida". Não podemos tirar outra conclusão dessa afirmativa senão esta: educar é oferecer diariamente ao aluno oportunidade de viver experiências que possam norteá-lo no seu processo de desenvolvimento. Há uma valorização do externo em prol de uma organização interna. O homem é chamado a pensar sobre o mundo, articulando seus valores com as necessidades impostas pelo meio. Não há a negação do mundo, mas o desafiar o mundo em busca de soluções. O desafio é tido como um articulador de grande importância, pois permite ao indivíduo avançar rumo a novas formas de conhecimento.

Usando métodos ativos e considerando a inteligência do aluno, procuraremos transmitir como aprender a viver, pois consideraremos que o indivíduo é chamado a interagir com objetos do mundo no mundo. Não há a negação da realidade. O conhecimento é tido como um produto da interação do indivíduo com o meio, ou seja, o conhecimento é construído

---

82. MUTSCHELE, Marly, Santos. Um novo olhar sobre a arte. transdisciplinaridade, São Paulo: Porto de ideias, 2014.

em momentos de desequilíbrio mental (acomodação e assimilação) que fazem o indivíduo avançar.[83]

Os desafios levam o indivíduo a pensar além do seu "*modus vivendi*", encontrando novas formas de organização mental.

Sendo o homem social por natureza, porém passando por períodos egocêntricos nos quais se sente o centro de tudo, ao entrar na escola vai aumentando seu círculo social. Cabe ao professor proporcionar situações que favoreçam esse desenvolvimento social.

A cooperação tem importância fundamental na evolução do pensamento e a escola precisa agir de modo que, ao utilizar trabalhos dirigidos, oficinas pedagógicas etc., as atividades escolares sejam socializantes.

Sugerimos ainda apresentar situações-problema para que desenvolvam no aluno atitudes inteligentes e reflexivas, exercitando-se na indução e dedução. Por exemplo:

a) no caso do desenho, levar a criança a perceber a falta de proporção, exemplo: ao desenhar, perceber que o corpo deverá ser maior que a cabeça.

b) na pintura de uma flor, levá-la a perceber que saiu dos limites das pétalas.

c) no caso de História e Geografia, fazer com que o aluno procure os porquês ou escolha uma causa para um fato. Exemplo: encontrar a proporção entra a terra e a água.

d) nas ciências físicas e naturais, por meio do estudo de viveiro de aves, aquário, horta escolar, incentivar o raciocínio sobre as diferentes formas de vida dos animais e plantas.

e) nos jogos intelectuais, como quebra-cabeça e encaixes, levar o aluno a conclusões lógicas.

f) na Educação Física, levar o aluno a perceber os diferentes movimentos do seu corpo em cada modalidade de esporte e sentir os benefícios de cada exercício.

---

83. PIAGET. J. A tomada de consciência. São Paulo: Melhoramentos, 1978.

g) na comunicação oral e escrita, notar a maneira como o ser humano se comunica e relacioná-la com as formas animais de comunicação.

h) nas aulas de formação religiosa, apresentar fatos que desenvolvam o raciocínio e as conclusões dos direitos e deveres dos alunos.

i) na matemática, desenvolver o raciocínio para a resolução de problemas.

Enfim, nas atividades extraclasse, procurar fazer com que o aluno participe e cresça em suas deduções, que aparecerão de forma mais simples, porém mais perfeitas.

Como educadores, podemos concluir que parece-nos melhor orientar e não dirigir a educação do aluno, apresentando-lhe situações educativas, propondo exercícios que o ajudem a amadurecer, motivando-o com palavras, atitudes, materiais audiovisuais para que, despertando seus interesse, chegue ao sucesso que desejamos.

Referências

ABDALLA, M. F. B. *Formação e desenvolvimento profissional do professor*: aprender a profissão. Tese (Doutorado), Faculdade de Educação da Universidade de São Paulo, São Paulo, 2000.

ABERNOT. *Les méthodes d'evaluation scolaire*. Paris: Bordas, 1988.

ABRECHT, R. *L'evaluation formative, une analyse critique*. Bruxelles: De Boeck, 1991.

AJURIAGUERRA, J. *Manual de psiquiatria da criança*. Rio de Janeiro: Masson do Brasil, 1980.

ANDRIES, J. O.; PEREIRA, M. R. *Natação animal*. São Paulo: Manoele, 2001.

BERGER, J. *Du controle des apprèntissages à l'evaluation des pratiques e des institutions educatives*. Rencontres d'Automme. Academie de Nancy, Mets, 1986.

BERGSON, Henri. *La pensée et le mouvant vingt*. Paris: Prèsses Universitaires, 1950.

BLOOM, B. S. et al. *Taxionomia dos objetivos educacionais*. Porto Alegre: Globo, 1974.

BOMTEMPO, E. A brincadeira de faz de conta: Lugar do simbolismo, da representação, do imaginário. In: KISHIMOTO, T. M. (Org.). *Jogo, brinquedo, brincadeira e a educação*. 2. ed. São Paulo: Cortez, 1997.

BRADFIELD, J. M.; MOREDOCK, H. S. *Medidas e testes em educação*. Rio de Janeiro: Fundo de Cultura, 1974.

CANDAU, Vera M. F. (Org.). *A didática em questão*.Petrópolis: Vozes, 1984.

CARDINE, J. *Pour apprècier le travail des élèves*. Neuchâtel: IRDP, 1984.

CARVALHO, Irene M. *O processo didático*. Rio de Janeiro: Fundação Getulio Vargas, 1972.

CASTRO, Amélia Domingues et al. *Didática para a escola de 1º e 2º graus*. São Paulo: Edibel, 1973.

CHEVALIER. *Descartes.* Paris, Gallimard, 1932.

CLAPARÈDE, E. *Psicologia da criança e pedagogia experimental*. Rio de Janeiro: Livraria Francisco Alves, 1937.

______. *A educação funcional*. São Paulo: Mestre Jou, 1900.

COHEN, Gustave. *La grande clarté du Móyen Âge*. Paris: Gallimard, 1945.

COMENIUS. J. A. *Didática magna*. Rio de Janeiro: Organização Simões; ed. Francisco Alves, 1922.

COUSINET, Roger. *A pedagogia da aprendizagem*. São Paulo: Ed. Nacional, 1974.

DAVY, M. M. *Les Sermons Universitaires Parisiens de 1230-1231*. Contribuition a l' Histoire de la Predication Mediavale par M. M. Davy. Paris: Librairie Philosophique J. Vrim, 1931.

DAMACENO, L. G. *Natação para bebês: dos conceitos fundamentais à prática sistematizada*. Rio de Janeiro: Sprint, 1998.

DECROLY. *Centro de interesses*. São Paulo: Melhoramentos, 1940.

DEWEY, John. *A criança e o programa escolar*. Chicago, 1942.

EIDEGER. *Santo Agostinho como pedagogo e sua influência na história da cultura*. São Paulo: Mestre Jou, 1980.

ENRICONE, Delcia et al. *Ensino: revisão crítica*. Porto Alegre: Sagra, 1988.

ESTEVES, O. P. *Testes, medidas e avaliação.* Rio de Janeiro: *Artes e* Indústria, 1972.

FONSECA, V. *Da filogênese à ontogênese da psicomotricidade*.Porto Alegre: Artes Médicas, 1998.

FUSARI, José Cerchi. O planejamento educacional e a prática dos educadores, *Ande*, n. 8, 1984.

GALHAUE, D.; OZMUM, J. *Compreendendo o desenvolvimento motor*: bebês, crianças, adolescentes e adultos. 3. ed. São Paulo: Phorte, 2005.

GELIUS. *Noctes Atticae*. Roma: Bliblioteca Clássica, 1986.

GENICOT, Leopold. *Les Lignes de Faîte du Móyen âge*. Belgique: Casterman, 1961.

GOMES, W. L. *Manual de recreação e educação física infantil*: estimulação bioessencial. Aprender Sorrindo. Araçatuba: Leme, 2004.

GRAND, Roger; DELATOUCHE, Raymond. *L' agriculture au móyen âge de la fin de l' Empire Romain au XVI è e siècle*. Paris: De Boccard, 1950.

GUIMARÃES V. S. *Formação de professores*: saberes, identidade e profissão. Campinas: Papirus, 2004.

HERREN, H.; HERRENM. P. *Estimulação psicomotora precoce*. Porto Alegre: Artes Médicas, 1969.

JAEGER, W. *Paideia*. Madri: La Lectura, 2000.

KARTZKE. *Sistemas americanos de educação*. Berlim, 1926.

KELLY, William A. *A psicologia educacional*. Rio de Janeiro: Agir, s/d.

KLAR, Alberto; LIMA, Willian Urizzi. *Atividades aquáticas*. Pedagogia universitária. São Paulo: Literativa, 2014. v. 1, 2, 3, 4.

LARROYO, Francisco. La ciencia de la Educación. México: Porruá, 1996.

______. *La filosofia de los valores*. México: Porruá, 1985.

______. *Los principios de la etica social*. México: Porruá, 1965.

______. *El romanticismo filosófico*. México: Porruá, 1941.

LE GOLF, Jacques. *Les intelectueles au Móyen Âge.* Paris : Editions du Seuil, 1957.

LIMA, William Urizzi. *Ensinando natação*. 4. ed. São Paulo: Phorte, 2009.

LIMA, W. U.; BORGES, G. *Manual pedagógico de metodologia Gustavo Borges da natação formativa*. 7. ed. Manual, 2012.

LUCKESI, Cipriano. Avaliação educacional escolar: para além do autoritarismo, *Ande*, São Paulo, n. 10, p. 47-51; n. 11, p. 47-49, 1986.

LUZURIAGA, Lourenzo. *Seleção e introdução à autologia de Pestalozzi*. México: Porruá, 1980.

MADORMO, S. R. Bebês. In: VELASCO, C. *Natação segundo a psicomotricidade*. Rio de Janeiro: Sprint, 1994.

MAIER, H. *Sócrates*. México: Porruá, 1913.

MARITAIN, Jacques. *Eléménts de philosophie*. Paris: Prèsses Universitaires de France, 1923.

MATTOS, Luiz Alves. *Sumário de didática geral*. Rio de Janeiro: Aurora, 1962.

MEDEIRO, E. B. *Provas objetivas*. Rio de Janeiro: Fundação Getulio Vargas, 1974.

MILIARET, G. *L'education dans le monde*. Paris: Atenas, 1995.

MORIN, Edgar. *Os sete saberes necessários a educação do futuro*. São Paulo: Cortez, 2002.

MONTESSORI, Maria. *Método da pedagogia científica*. Roma: Renascença, 1946.

MUTSCHELE, Marly. Um novo olhar sobre a arte: transdiciplinaridade. São Paulo: Porto das Idéias, 2014.

______. *Como desenvolver a psicomotricidade*. São Paulo: Loyola, 1988.

______. Problemas de aprendizagem da criança. São Paulo: Loyola, 1985.

MUTSCHELE, Marly; GONSALES, José. *Oficinas Pedagógicas*: a arte e a magia do fazer na escola. São Paulo: Loyola, 1997. v. 1, 2.

NERICI, Inideo G. *Didática geral dinâmica*. São Paulo: Científica, 1998.

NOLL, V. Introdução às medidas educacionais. São Paulo: Pioneira, 1965.

PLATÃO. *A República*. São Paulo: Mestre Jou, 1980.

PALMER, M. A. *Ciência do ensino da natação*. São Paulo: Manole, 1990.

PEREIRA, D. M. *Aprendendo a nadar em ludicidade*. São Paulo: Phorte, 2005.

PFEIFFER, J. *Uma visão nova em educação*. São Paulo: Ed. Nacional;USP, 1971.

PFROM, Samuel. *Psicologia educacional*. São Paulo: Pioneira, 1971.

PIAGET, Jean. *La representation de l' espace chez l' enfant*.Paris: Delachaux, 1996.

______. A tomada da consciência. São Paulo: Melhoramentos, 1978(a).

______. *Fazer e compreender*. São Paulo: Melhoramentos, 1978(b).

______. *La puissance de l' intelligence chez l' enfant*. Paris: Delachaux et Nestlé, 1968.

______. *Seis estudos de psicologia*. Rio de Janeiro: Forense, 1964.

PLATÃO. A República. São Paulo: Mestre Jou, 1980.

RAGAN, William B. *Currículo primário moderno*. Rio de Janeiro: Globo, 1975.

RATHS, Louis et al. *Ensinar a pensar*: teoria e aplicação. São Paulo: Herder; Edusp, 1972.

ROMANELI, Otaiza. *História da educação brasileira*. São Paulo: Cortez, 2000.

ROUSSEAU, Jean-Jacques. *O Emílio*. São Paulo: Mestre Jou, 1988.

SAINZ-AMOR, Concepción. El Metodo Cousinet. *Revista de Pedagogia*, Madri, 1937.

SAVIANI, Dermeval. Sentido da pedagogia e o papel do pedagogo, *Ande*, São Paulo, n. 9, 1985.

SIACCA, Michele Frederico. *História da filosofia*. São Paulo: Mestre Jou, 1973.

SROUR, Robert Henry. *Poder, cultura e ética nas organizações*.Rio de Janeiro: Elsevier, 2013.

STOCKER, Karl. *Princípios de didática moderna*. Buenos Aires: Kaplusz, 1964.

TOLSTOI, Leon. *La Escuela de Yasnaia Poliana*. Valencia: Prometeo, 1920.

VEIGA, Ilma P. A. (Org.). *Repensando a didática*. Campinas: Papirus, 1988.

VERNEUAX. Les *sources cartesiennes et kantiennes de l'idealisme français*. Paris: Prèsses Universitaires de France, 1936.

VIANNA, H. *Testes em educação*. São Paulo: Tlirasa, 1973.

VIGOTSKY, L. S. *Pensamento e linguagem*. São Paulo: Martins Fontes, 1984.

WHITEHEA, D. L. *Movimento: a chave para a aprendizagem na primeira infância*. São Paulo: Literativa, 2013.

ZIBAS, Dagmar M. L. Relação professor-aluno no ensino de 1º grau, *Ande*, São Paulo, n. 4, 1982.

Impressão e Acabamento
Bartira
Gráfica
(011) 4393-2911